The Science of Getting Rich

풍요로운

삶을 위한

of 부자의 지혜

윌레스 D. 워틀스 지음

 도서출판 **위**

풍요로운 삶을 위한

부자의 지혜

THE SCIENCE OF GETTING RICH

 도서출판 **위**

프롤로그

　이 책은 어떤 이론에 대한 논문이나 철학서가 아니다. 실천을 목적으로 쓰여진 책이다. 인간이 살아가면서 가장 얻고 싶어 하는 부富 얻는 방법에 대해 다룰 것이다. 따라서 이 책은 당장 긴급하게 돈이 필요한 사람들, 일단 부자부터 되어야 할 이유가 절실한 사람들을 위한 책이다.

　이 책을 읽는 독자들에게 가장 부탁하고 싶은 점은 책에서 소개하는 기본적인 원리를 그대로 믿어

달라는 것이다. 그리고 조금도 두려워하거나 주저
하지 말고 여기서 제시하는 원리들이 진실이라는
것을 믿고 실천해주길 바란다. 이렇게 행동하는 사
람은 누구나 부자가 될 수 있기 때문이다.

　이 책에서 제시하는 이론은 과학이 그러하듯 정
확하기 때문에 실패는 절대로 있을 수 없다. 하지
만 철학적 이론이나 근거를 더 신뢰하는 사람도
있기 때문에 그런 사람들을 위해 몇 가지 예를 들
어보고자 한다. 일원론적 우주관은 한마디로 '하나
가 모두이며 모두는 하나'라는 이론이다. 이는 겉모
양이 다른 수많은 원소로 이루어진 물질세계는 단
하나의 물질이 모습을 바꾼 형태라는 사상으로 힌
두교의 세계관을 일컫는다. 이러한 세계관은 지난

200년 동안 서서히 서양의 사고 체계에 영향을 주었다. 동양철학의 근본을 이루는 일원론적 우주관은 데카르트나 스피노자, 라이프니츠, 헤겔, 에머슨 등 서양 사상의 근간이 되어왔다. 이런 철학적인 기초에 대해서 좀 더 자세히 알고 싶은 독자라면 헤겔이나 에머슨의 저서를 읽어볼 것을 권한다.

나는 이 책을 될 수 있는 한 많은 사람이 쉽게 이해할 수 있도록 평범하고 명료한 문체를 사용했다. 하지만 이 책에서 소개하는 행동 계획은 철학적 사고 과정을 거친 결과물로, 철저한 검증과 실제적 실험을 통해 효과가 있다고 판단된 것들이다. 때문에 절대 실패하지 않을 것이다. 어떻게 이런 결론에 도달하게 되었는지 알고 싶다면 앞에서 언급한 철학자들의 책을 읽기 바란다. 그리고 이러한 철학의 열매를 실생활에서 즐기고 싶다면 이 책에서 제안하는 바대로 정확히 실천해보기 바란다.

월레스 D. 워틀스

차례

1
부자가 될 권리

삶의 목적은 진보다
부자가 되고자 하는 열망은 언제나 옳다

누군가 어떤 말로 가난을 칭송한다고 해도 분명한 사실 한 가지는 부유하지 않으면 완벽하거나 진정으로 성공적인 삶을 영위할 수 없다는 것이다. 돈이 충분하지 않다면 누구라도 자신의 재능을 마음껏 펼칠 수 없으며, 정신적 고양 역시 최고 수준에 도달할 수 없을 것이다. 정신을 갈고닦고 재능을 계발하기 위해 많은 것을 이용할 수 없기 때문이다.

　사람은 주변의 것들을 이용하여 지식과 심신을 발전시킨다. 그러기 위해서는 반드시 돈이 필요하다. 현대사회는 돈이 있어야 사물을 소유할 수 있는 구조로 조직되어 있기 때문이다. 그러므로 우리 모두는 자신의 발전을 위해 어떻게 하면 부자가 될 수 있는가를 고민하고 그 방법을 배워야 한다.

　삶의 목적은 진보다. 그러므로 인간에게는 성장할 권리가 있다. 그리고 그 권리는 누구에게도 양도할 수 없는 천부적인 것이다. 삶에 대한 인간의 권리란 정신과 육체, 그리고 영적인 발전을 위해 필요한 모든 자원을 자유로우면서도 무제한적으로 사용할 권리다. 이는 곧 누구나 부자가 될 권리가 있음을 의미한다.

이 책에서 나는 부에 대해 모호한 표현으로 에둘러 말하지 않을 것이다. 진정한 부는 적은 것에 만족하거나 그것으로 충분하다고 여기는 것을 의미하지 않는다. 누구라도 더 많은 것을 이용하고 향유할 수 있다면 결코 적은 것에 만족하지는 않을 것이다. 만물의 목적은 삶의 진보와 성장에 있다. 사람은 누구나 생명의 활력과 품격, 그리고 삶을 아름답고 풍요롭게 할 수 있다면 모든 것을 가져야 한다. 하지만 이 모든 것은 물질적인 부가 뒷받침되어야 가능하다. 때문에 적은 것에 만족하는 것은 신의 섭리를 거스르는 일이다.

당신은 부자에 대해 어떤 정의를 내리겠는가. 부자란 원하는 것을 모두 영위하면서 최고의 삶을 누리는 사람이다. 돈이 충분하지 않다면 원하는 것을 다 가질 수 없다. 그런 사람은 결코 부자라 할 수 없다. 세상이 발전을 거듭하며 복잡해진 요즘, 사람들이 만족한 삶을 살기 위해서는 상상하는 것 이상의 부가 필요하다.

사람은 누구나 최고가 되기를 원한다. 타고난 가능성을 실현하고 싶다는 욕망은 인간의 자연스러운 본성이다. 이러한 본능에 가까운 인간의 욕망은 끝이 없다. 성공한다는 것은 자신이 바라던 바를 이룬 존재가 되는 것이다. 그런데 그것이 가능하려면 주변의 자원을 이용해야 한다. 그리고 주변의 자원을 원하는 만큼 이용하기 위해서는 자원을 구매할 돈이 있어야 한다. 따라서 부자가 되는 방법을 배우는 것이 그 어떤 것보다 우선되어야 한다. 그리고 이것은 모든 지식의 근본이 되는 가장 중요한 본질이라 할 수 있다.

부자가 되고자 하는 소망은 절대 나쁜 것이 아니다. 부에 대한 열망은 더욱 풍요롭고 결실이 많은 인생에 대한 욕망이기 때문이다. 이러한 열망은 칭찬받아 마땅하다. 보다 풍요로운 삶을 원하지 않는 사람은 없다. 필요로 하는 것을 충분히 갖출 만큼의 돈을 바라지 않는 사람도 없다. 만약 이런 사람이 있다면 별난 사람이라고 부를 수밖에 없을 것이다.

우리가 인생을 살아가는 데에는 세 가지 동기가 작동한다. 우리는 육체적 건강, 정신적 건강, 그리고 영혼을 풍요롭게 하고자 살아간다. 이 셋 중 어느 것도 더 좋거나 더 성스러운 것은 없다. 인간이라면 세 가지 모두를 추구해야 한다. 몸과 마음 그리고 영혼, 이 세 가지 중 어느 것 하나라도 만족스럽지 못하다면 온전한 삶을 누릴 수 없다. 육체와 정신을 돌보지 않고 영혼만을 위해 사는 것을 고귀하다고만 할 수 없듯이, 육체나 영혼은 무시한 채 정신만을 위해 사는 것 또한 옳지 않다.

우리는 정신과 영혼은 성찰하지 않은 채 육체만을 위해 살아간다면 어떤 결과가 초래되는지 잘 알고 있다. 또한 진정한 삶이란 육체와 정신, 영혼을 통해 표현하고 발현할 수 있는 모든 것을 완벽하고 조화롭게 이루어내는 것이라는 것도 잘 알고 있다. 몸이 제대로 기능하지 않으면 행복감과 만족감을 충분히 느낄 수 없다. 이는 정신이나 영혼이 제대로 기능하지 않을 때에도 마찬가지다. 할 수 있는 일을 할 수 없거나 재능을 충분히 드러내지 못한다면 그 욕망은 충족되지 않은 것이다. 가능성을 점점 키워서 구체화하는 것이 바로 욕망이기 때문이다.

좋은 음식과 아름다운 옷, 그리고 안락한 보금

자리가 없다면, 그리고 과도한 노동으로 자신의
몸을 혹사시킨다면 온전한 삶을 산다고 할 수 없
다. 육체를 위해서 여가와 휴식은 반드시 필요하
다. 또한 온전한 삶을 위해서는 책을 읽거나 글을
쓸 시간도 필요하다. 여행과 관찰할 기회가 없고,
지적인 대화를 나눌 상대가 없다면 정신적으로 충
만한 삶을 살 수 없다. 지적인 충만을 위해서는
지적 유희가 필요하며, 그림이나 문학작품을 주변
에 두고 감상하거나 읽는 것도 잊어서는 안 될 것
이다.

우리의 영혼이 생기 넘치는 삶을 살아가기 위
해서는 사랑이 반드시 필요하다. 그러나 가난 속
에서는 사랑을 온전히 표현할 수 없다. 사람은 사

랑하는 사람에게 유익함을 선사할 때 최대의 행복을 느낀다. 가장 자연스러운 사랑의 표현은 무언가를 베푸는 것이다. 아무것도 베풀 것이 없는 사람은 남편이나 아버지로서, 시민, 혹은 한 인간으로서도 제대로 된 역할을 다할 수 없다. 사람은 주변의 자원을 이용해야만 육체에 온전한 생명력을 부여하고 정신을 고양시키며 영혼을 꽃피울 수 있다. 이것이 우리가 부자가 되어야 하는 가장 중요한 이유다.

다시 한 번 강조하지만, 부자가 되고자 하는 열망은 옳은 것이다. 정상적인 사람이라면, 그러한 욕망을 갖는 것은 너무나 당연하다. 그러므로 부자가 되는 비밀에 관심을 갖는 것 역시 옳은 일이다. 그것을 아는 것은 모든 공부 중에서 가장 숭고하면서도 가장 중요하기 때문이다. 만약 당신이 이 책의 내용을 무시하고 공부를 게을리한다면, 당신 자신에 대한 의무를 저버리는 것이다. 이는 더 나아가 인류는 물론이고 신에 대한 의무를 외면하는 것이다. 왜냐하면 우리가 신과 인류에게 바칠 수 있는 최고의 봉사는 '최고의 나'를 실현해 온전한 삶을 사는 것이기 때문이다.

'신을 위하여'가 '돈을 위하여'로 바뀌었다.
돈이 최고의 권력이 되었다.

프리드리히 니체

2
부자가 되는 '특별한 방식'

환경을 탓하지 마라
일을 처리하는 방식을 바꿔라

부자가 되는 과정에는 과학적 법칙이 있다. 그
것은 대수학이나 기하학과 마찬가지로 객관적이고
과학적인 지식이다. 그리고 부자가 되는 과정에는
일정한 법칙이 작용하고 있어, 그 법칙을 배우고
그대로 실천하기만 하면 누구나 부자가 될 수 있
다는 것은 물리적 사실로 증명할 수 있다.

부자가 되는 것은 어떤 방식으로 일을 처리하느냐에 따라 결정된다. 따라서 내가 제시하는 '부자가 되는 방식'으로 일을 처리하는 사람은 의식적이든 무의식적이든 반드시 부자가 될 수 있다. 반면에 이 방식을 실천하지 않는 사람은 어떤 능력을 가졌든지, 또 얼마나 열심히 노력을 기울이든지간에 결코 부자가 될 수 없다.

세상 모든 일에는 반드시 인과의 법칙이 적용된다. 원인이 있으면 반드시 어떤 결과가 따라오게 마련이다. 그러므로 내가 제시하는 법칙을 알고 그 법칙대로 실행하는 사람은 틀림없이 부자가 될 것이다. 이 말이 사실인지 여부는 계속해서 이 책을 읽어가면서 확인할 수 있다. 그리고 내 말에 어떠한 거짓도 없음을 어렵지 않게 깨닫게 될 것이다.

부자가 되는 것은 환경 때문이 아니다. 만일 환경 때문에 부자가 된다면 특정 지역에 사는 사람은 모두 부자가 될 것이다. 어느 도시에 사는 사람은 모두 풍요로운 삶을 영위하고, 다른 도시에 사는 사람은 모두 가난에 시달릴 것이다. 한 나라에 사는 국민들은 모두 부를 누리고, 다른 나라 국민들은 가난 속에 살아갈 것이다.

부자가 되는 데 환경이 얼마나 많은 영향을 미칠까? 당신은 이 질문에 대해 어떤 답을 하겠는가? 나는 부자가 되는 데 환경은 별 영향을 미치지 못한다고 단언할 수 있다. 풍요는 환경에 따라 결정되지 않는다. 만약 부자가 된다는 것이 환경과 긴밀하게 관계되어 있다면 특정 지역에 사는 모든 사람은 부자여야 하며, 또 다른 지역에 사는 사람은 모두 가난뱅이여야 한다. 그리고 이러한 법칙은 특정 지방이나 나라에도 적용할 수 있어야 한다. 하지만 세상 어디를 가도 부자와 가난한 사람들은 함께 공존하며 살아간다.

직업 또한 마찬가지다. 같은 지역에 살며 같은 일을 하는 사람이 있다. 그런데 한 사람은 가난하고 다른 한 사람은 부자인 것을 어렵지 않게 목격할 수 있다. 이러한 것을 보면 부자가 되는 데 결정적인 요인이 환경이 아님을 분명히 알 수 있다. 물론 더 좋은 환경이라는 것은 있을 수 있다. 그러나 두 사람이 같은 환경에서 같은 일을 하는데도 빈부가 나뉘는 것을 보면 두 사람 사이에 차이를 만드는 것은 결국 일을 처리하는 방식임을 알 수 있다.

일을 '특별한 방식'으로 처리하는 능력은 그저 재능만 있다고 가능한 것은 아니다. 왜냐하면 뛰어난 재능을 가진 사람이 가난에 허덕이거나 재능이 별로 없지만 부자가 되는 사람도 있기 때문이다. 부자들을 조사해보면, 모든 면에서 평균적인 재능을 가지고 있을 뿐이라는 것을 확인할 수 있다. 부자라고 특별한 능력이나 재능을 소유하고 있지 않다는 말이다. 이를 보면 알 수 있듯이 부자는 다른 사람에게 없는 능력이나 재능을 가지고 있기 때문

이 아니라 '특별한 방식'으로 일을 처리한 결과라
는 것을 분명히 알 수 있다.

또한 저축을 많이 하거나 무조건 근검절약한다
고 부자가 되는 것은 아니다. 돈 한 푼 쓰는 데 벌
벌 떨며 검소하게 생활하는 사람이 가난하게 사는
반면, 돈을 물 쓰듯 펑펑 쓰는 사람이 부자로 살아
가는 경우도 드물지 않기 때문이다. 풍요롭게 산다
는 것은 다른 사람들이 하지 않는 방법으로 행동
하기 때문이 아니다. 왜냐하면 두 사람의 동업자
가 같은 일을 하더라도 성공하는 사람과 실패하는
사람으로 갈리는 경우가 있기 때문이다.

지금까지의 이야기를 종합해보면 결국 부자는

'특별한 방식'으로 일을 처리하는 사람임을 알 수 있다. '특별한 방식'으로 행동해서 부자가 될 수 있다면, 그리고 같은 행동으로 같은 결과를 얻을 수 있다면 누구나 그 방법을 따름으로써 풍요를 누릴 수 있다는 의미다. 그러므로 이 모든 것은 객관적이고 명석판명明晳判明한 과학적 지식으로 설명할 수 있다.

이쯤에서 그 '특별한 방식'이 너무나 어려워서 아무나 따라 할 수 없는 것은 아닌가 하는 의문이 생길 것이다. 하지만 타고난 능력에 관한 것이라면 걱정할 필요는 없다. 재능이 없는 사람도, 머리가 나쁜 사람도, 둔한 사람도, 허약한 사람도 부자가 될 수 있다. 물론 생각하고 이해할 수 있는 능력이 어느 정도는 필요하다. 그 능력은 이 책을 읽고 이해할 수 있는 정도면 충분하다. 당신도 반드시 부자가 될 수 있다.

다만 한 가지 짚고 넘어갈 것이 있다. 앞서 부자가 되는 데 환경은 별 영향을 끼치지 않는다고 했지만 전혀 관계없다는 것은 아니라는 사실이다. 장소(환경)는 분명히 중요한 요소다. 사하라 사막 한가운데서 사업을 벌인다면 성공할 수 있는 사업은 많지 않을 것이니 말이다.

부자가 되는 과정에는 사람들과의 관계 맺기가 필수적이며, 당신 주변에 적절한 관계를 맺을 사람들이 있어야 한다. 즉 다른 사람과의 관계를 만들어갈 수 있는 환경이라면, 나아가 그 사람들이 당신과 맺는 관계에 만족한다면 이보다 더 좋은 것은 없다. 하지만 환경과 여건이 관여하는 부분은 여기까지다. 당신 주변의 누군가가 부자가 되었다면 당신 역시 부자가 될 수 있다는 사실을 믿어라.

당신이 살고 있는 지역의 누군가가 부자가 되었다면 당신도 부자가 될 수 있다. 거듭 강조하지만, 부자가 되는 것은 특정한 직업이나 사업을 선택하는 문제와는 별개다. 어떤 사업을 하든, 어떤 직업에 종사하든 성공해서 부자가 되는 사람이 있는 반면 가난한 사람도 있다. 좋아하는 일과 적성에 맞는 일, 재능을 키울 수 있는 일을 한다면 크게 성공할 것이다. 자기가 좋아하는 일을 할 때 최선을 다하는 것은 당연한 이치이기 때문이다.

그리고 그 지역 특성에 맞는 사업을 한다면 큰 성공을 거둘 수 있다. 이런 맥락에서 볼 때, 아이스크림 가게는 추운 그린란드보다 더운 지역에서 장사가 더 잘되게 마련이고, 연어잡이에게는 연어가 잡히지 않는 플로리다보다 알래스카 지역이 더 좋은 것은 당연한 이치다.

하지만 이런 일반적인 한계 요인의 영향을 제외하면, 부자가 되는 것은 어떤 특정한 사업이나 직업에 종사하느냐의 여부와 관계 없다. 다만 일을 처리하는 데 '특별한 방식'을 따르느냐에 달려 있을 뿐이다. 당신과 같은 지역에 살면서 똑같은 직업이나 같은 사업을 하고 있는 누군가가 있다고 가정해보자. 그 사람은 부유한데 당신은 가난에 시달리고 있다면 무엇이 잘못되었다고 생각하는가? 그것은 그 사람은 '특별한 방식'으로 행동한 반면 당신은 그러지 못했기 때문이다. 일하는 방식이 차이를 만드는 것이다.

자본이 부족해서 부자가 될 수 없다는 것은 인정할 수 없다. 부족한 자본으로 성공한 사람을 어렵지 않게 만나볼 수 있기 때문이다. 자본의 부족은 성공하지 못한 것에 대한 변명일 뿐이다. 물론 자본금이 많다면 좀 더 수월하게 성공할 수는 있다. 하지만 자본의 많고 적음이 결정적 요인은 아니라는 이야기다.

현재 당신이 얼마나 가난하든 상관없다. '특별한 방식'으로 행동한다면 당신도 틀림없이 부자가 될 수 있다. '특별한 방식'으로 행동하고 일을 처리하는 것이 부자가 되는 첫걸음이다. 자본을 소유하는 것은 부자가 되는 하나의 과정이며, '특별한 방식'으로 행동하는 것이 가져오는 성과이기도 하다.

당신이 지금 빚더미에 앉아 있는 사람이든, 친구도 영향력도 자산도 없는 사람이든, 그 어떤 사람이라도 내가 말하는 방식만 따른다면 반드시 부자가 될 수 있다. 적성에 맞지 않는 일을 하고 있다면 자신의 적성에 맞는 일을 찾으면 되고, 사업장의 입지가 알맞지 않다면 적당한 곳으로 옮기면 된다. 환경을 탓하거나 스스로 자책할 필요는 없다.

　같은 원인은 같은 결과를 낳는다. 그러므로 이 책에서 제시하는 '특별한 방식'을 실천한다면 모든 것이 가능해질 것이다. 그리고 당신은 성공을 손에 쥐게 될 것이다. 지금 당신이 일하는 곳에서, 지금 당신이 있는 장소에서 즉시 실천하라. 그러면 그 모든 변화가 당신을 부자로 만들어줄 것이다.

우리가 사는 환경은 우리가 만들어 가는 것이다.
내가 바뀔 때 인생도 바뀐다.

앤드류 매튜스

3
부자가 될 기회는 독점되는가

부자가 될 기회는 모두에게 열려 있다
자연은 부의 원천이며 무한한 공급처다

기회가 없어서, 혹은 다른 누군가가 부를 독
점한다고 해서 다른 사람들이 가난한 것은 아니
다. 어떤 일을 시작하려고 하는데 막막한 느낌이
들 때가 있을 것이다. 하지만 누구에게나 열려 있
는 길 하나 정도는 있게 마련이다. 물론 1900년
대 초반 철도 산업의 경우는 특정 사람들이 독점

한 시장었다. 이는 누구나 쉽게 도전하기 힘든 사업 영역으로, 매우 특수한 경우에 해당한다. 하지만 다른 분야로 눈을 돌려보면 사업의 기회는 얼마든지 있다. 사업을 펼칠 수 있는 범위도 당신이 생각하는 것 이상으로 매우 넓다. 사업의 기회는 당신을 향해 열려 있다. 그러므로 특정 분야에서 일가를 이룬 사람들과 경쟁하느니 다른 분야로 시선을 돌린다면 훨씬 더 많은 기회가 주어질 것이다.

만일 당신이 제철소에서 일하는 노동자라면 사장 자리에 오를 가능성은 거의 없을 것이다. 하지만 '특별한 방식'으로 행동하기 시작한다면 제철소를 떠나 새로운 기회를 찾아 사장 자리에 오를 수 있다. 예컨대 소규모 유기농 농장을 시작한다고 가정해보자. 웰빙 바람이 불면서 유기농 식품에 대한 관심이 높아진 만큼 그 사업은 당신을 사장으로, 그리고 부자로 만들어줄 것이다. 아직도 농장을 사들여 유기농 농장을 경영하는 일이 불가능하다고 여겨지는가? 다시 한 번 강조하지만, '특별한 방식'으로 사고하고 행동한다면 얼마든지 농장을 소유할 수 있고 부자가 될 수 있다.

시대의 변화에 따라 기회의 흐름 역시 바뀌게 되어 있다. 사회 발전의 단계에 의해, 혹은 사회 전체의 필요에 따라 기회의 흐름은 얼마든지 바뀔 수 있다. 현재는 그 흐름이 새로운 농업과 관련 산업 쪽으로 흐르고 있음을 당신도 느낄 수 있을 것이다. 그러니 가만히 앉아서 일상의 노예로 살아가기보다는 자리를 박차고 나가 새로운 도전에 뛰어들어 볼 것을 권한다. 그런 사람에게 더 많은 기회가 주어지며 그런 사람이 성공의 자리에 설 수 있기 때문이다. 변화의 흐름을 읽고 그 흐름에 몸을 맡기는 사람에게 더 많은 기회가 주어지는 것은 당연한 이치다.

당신은 누군가로 인해 기회를 박탈당하고 있다고 생각하는가? 아니다. 사장에 의해 억압당하고 있는 것도 아니다. 기업과 자본에 의해 착취당하는 것도 아니다. 당신이 현재의 자리에 있는 것은 '특별한 방식'으로 일을 처리하지 않기 때문이다. 당장이라도 관성에서 벗어나 '특별한 방식'으로 사고하고 행동한다면 변화를 경험할 수 있다. 어쩌면 뜻밖의 사람을 만날 수도 있고, 그와 함께 공동 사업체를 만들어 사업을 시작할 수도 있다. 그렇게 새로운 사업을 시작한다면 당신은 이미 부자가 될 기회를 잡은 것이다. 그리고 사업이 번창해 어느 순간 많은 직원을 거느린 사장으로, 그 분야에서 영향을 끼치는 자리에 오른 당신을 만날 수 있다.

이처럼 '특별한 방식'으로 사고하고 일을 시작한다면 누구나 사장의 자리에 오를 수 있다. 고인 물은 맑은 상태를 유지할 수 없다. 당신 역시 언제나 그러했던 것처럼 한자리에 머물러 있다면 더 이상의 발전을 기대할 수 없다. 오히려 그 자리에 매몰되어 헤어나지 못하게 될 것이다. 무지하거나 정신적으로 나태해 억압받는 노동자는 없다. 다만 하던 방식에서 벗어나지 못하고 관성에 몸을 맡기기 때문이다. 그들 역시 기회의 흐름을 이용한다면 부자가 될 수 있다. 이 책이 그 열쇠가 되어줄 것이다.

당신은 이 세상에 존재하는 부의 총량이 얼마나 된다고 생각하는가? 또한 부의 공급 불균형으로 인해 당신이 가난하다고 생각하는가? 결코 그렇지 않다. 부가 충분히 공급되지 않아서 가난한 사람은 없다. 부는 모두에게 돌아가고도 남을 만큼 충분하다. 조금 과장해 말하자면, 미국 내에 있는 건축자재만으로도 지구상의 모든 사람에게 미국 국회의사당만큼 넓은 집을 지어줄 수 있다. 지구상의 모든 사람에게 양털, 린넨, 비단 등으로 옷을 지어줄 수도 있다. 물론 배곯지 않게 충분한 음식도 제공할 수 있다. 우리가 눈으로 볼 수 있는 부의 공급량은 얼마나 된다고 생각하는가? 거의 무한하다고 봐야 한다. 그리고 눈으로 확인할 수 없는 부의 공급량은 당신의 상상을 초월하는 수준이다.

앞서 말한 바와 같이 일원론적 우주론에 따르면 눈으로 볼 수 있는 지구상에 존재하는 모든 것은 단 하나의 유일한 물질에서 나왔으며, 모든 것은 그 하나에서 생겨났다. 생성과 소멸을 반복하며 오래된 것들은 사라지고 그것들을 대신해 새로운 것이 끊임없이 만들어지고 있다. 그리고 이 모든 것은 단 하나의 유일체로부터 나온 것이다. 무형의 재료 혹은 유일한 물질은 그 공급을 멈추지 않는다. 우주 역시 이 유일한 물질로 만들어졌다. 그리고 이 물질은 결코 고갈되지 않는다. 지금까지 만들어진 것보다 수만 배는 더 많은 것을 만들어낼수 있으며, 그렇게 되더라도 원재료는 여전히 남아있을 것이다. 그러므로 당신이 스스로 가난하다고 생각한다면, 자원이 한정되어 있거나 부자들이 모든 부를 독점하고 있어서 그러한 것은 절대 아니다.

우리에게는 결코 마르지 않는 부의 샘이 있다. 그것을 무엇이라 생각하는가? 바로 자연이다. 자연으로부터 공급되는 부는 결코 중단되는 일이 없다. 유일한 물질은 창조적인 에너지와 함께 살아있으며, 새로운 것을 쉼 없이 만들어내고 있기 때문이다. 건축에 필요한 자재가 부족해졌다고 걱정할 필요는 전혀 없다. 유일한 물질에 의해 자연스럽게 건축에 필요한 재료가 생성될 것이기 때문이다. 토양이 지력을 잃어 음식물이나 옷감을 만드는데 필요한 작물들이 더 이상 자라지 못하게 되면, 토양이 새롭게 재생되거나 더 많은 흙이 생성될 것이다. 인류가 살아가는 데 금이나 은은 반드시 필요한 지하자원이다. 그러나 언젠가 금과 은은 고갈될 것이다. 그렇다 해도 전혀 걱정할 필요가 없다. 무형의 재료로부터 더 많은 금과 은이 만들어질 것이기 때문이다. 무형의 재료는 인간의 필요와 함께 움직이기 때문에 언제나 그 필요를 채워 준다.

이 같은 사실은 인류에게 언제나 진실이었다. 비록 가난한 개개인은 존재할지언정 인류 전체를 놓고 보면 언제나 차고 넘치는 부가 존재했다. 그리

고 개개인이 가난한 것은 부자가 될 수 있는 '특별
한 방식'으로 사고하고 행동하지 않았기 때문이다.
무형의 재료는 지적인 능력과 생각하는 존재다. 또
한 언제나 넘치는 생명력을 가지고 있으며, 더욱
왕성한 생명을 향해 끊임없이 나아간다.

　더욱 왕성한 생명력을 얻고, 본질적으로 자신을
확장시키려는 경향은 생명의 자연스럽고 본능적인
속성이다. 그러므로 범위를 확장시키며 보다 완전
하게 자신을 표현할 수 있는 방법을 찾는 것은 당
연한 이치다. 무형의 살아 있는 재료에서 유형의
세계가 만들어졌으며, 이들 재료가 하나의 유형의
형태를 취한 것은 스스로를 보다 완벽하게 표현하
기 위해서다. 우주는 살아 있는 위대한 존재다. 때

문에 본능적으로 보다 많은 생명력과 완전하게 작동하는 방향을 향해 나아간다. 그러므로 신이 자기 모순에 빠져 모든 것을 원점으로 돌리지 않는 한, 우리가 살아가는 데 필요한 모든 것은 언제나 풍족하게 공급될 것이다.

세상의 모든 가난한 사람이 가난한 이유는 부의 공급이 부족해서가 아니다. 단지 '특별한 방식'으로 사고하고 행동하지 않았기 때문이다. '무형의 재료'는 '특별한 방식'으로 사고하고 행동하는 사람들을 향한다는 것을 반드시 기억하라. 이제부터 '무형의 재료'를 사용하는 '특별한 방식'을 설명하고, '무형의 재료'가 '특별한 방식'으로 사고하고 행동하는 사람들을 향한다는 것을 증명해 보이겠다.

가난은 가난하다고만 하여
결코 불명예로 여길 것이 아니다.
문제는 그 가난의 원인이다.
가난이 나태나 제멋대로의 고집,
어리석음의 결과가 아닌가를 잘 생각해보라.

플루타르코

4
부자가 되는 첫 번째 법칙

기본 원칙을 믿고 실천하라
그러면 부자가 되는 길이 열릴 것이다

당신은 부를 만들어낼 수 있는 유일한 힘이 무엇이라 여기는가? 무형의 재료에서 유형의 부를 만들어내는 것은 바로 '생각'의 힘이다. 만물의 근원인 이 무형의 재료는 생각할 수 있는 물질로 만들어졌으며, 이 물질이 어떤 형태를 생각하면 실제로 그 형태가 만들어지기 때문이다.

이 무형의 재료는 스스로의 생각에 따라 움직인
다. 그러므로 지금 우리가 보고 있는 모든 형태와
과정도 무형의 물질의 생각이 눈에 보이도록 표현
된 것이다. 이는 다시 말해 무형의 재료가 어떤 형
태를 생각하면 그 형태가 만들어지고, 어떤 움직임
을 생각하면 그 움직임이 나타난다는 의미다. 바
로 이와 같은 원리로 세상의 모든 것이 만들어졌
다. 우주라는 생각이 무형의 재료를 통해 확장되
었으며, 생각하는 재료가 그 생각에 따라 움직인
결과가 행성 시스템으로 구현되었고, 그 시스템은
현재도 유지되고 있다.

이처럼 생각하는 무형의 재료는 자신의 생각을
유형의 것으로 나타내며, 자신의 생각대로 그것들

을 움직인다. 태양계가 움직이고, 이 세상이 어떤 법칙에 따라 움직이는 것은 생각하는 무형의 재료의 생각이 유지되기 때문이다. 또한 모든 것은 그 재료의 생각에 따라 움직인다. 만약 생각하는 무형의 재료가 아주 천천히 자라는 참나무를 생각하면 그 생각에 따라 움직인 결과 참나무가 만들어진다. 비록 수세기가 걸릴지라도. 창조라는 과정에서 무형의 재료는 이미 만들어진 행동 방식에 따라 움직인다. 그러므로 참나무를 생각한다고 곧바로 다 자란 참나무가 창조되지는 않는다. 하지만 성장이라는 방식에 맞춰 나무를 만들어낼 움직임이 시작되는 것이다.

형태가 연상되는 모든 생각은 실제로 그 형태

를 만들어낸다. 그리고 (항상 그러하지는 않지만 대부분) 이미 만들어진 성장과 행동 방식에 따라 움직인다. 집을 짓는다는 생각이 무형의 재료를 일깨우면 흐름을 타고 있던 창조 에너지가 집을 지을 수 있는 채널과 연결되고, 그 결과 집이 지어진다. 비록 당장 눈앞에 집이 지어지지 않는다 하더라도.

그리고 만약 창조 에너지와 연결될 수 있는 채널이 없다면 창조 에너지는 근본 물질로 집을 지을 것이다. 뭔가 다른 것이 만들어지기를 기다리지는 않는다. 여기서 우리가 기억해야 하는 것이 하나 있다. 어떤 형태에 대한 생각이 채널을 통해 창조적 에너지와 연결되어 무형의 재료를 일깨우면 그 형태가 현실 세계에 실현된다는 것이다.

인간은 생각하는 존재다. 더불어 인간은 도구를
사용한다. 그렇다면 도구는 어디에서 출발하는가?
바로 '생각'이다. 인간이 손으로 제작한 도구는 그
어떤 것이든 처음에는 인간의 '생각' 속에 존재했
다. 결국 그 무엇이든 생각의 과정을 거치지 않고
존재하는 것은 없다. 하지만 지금까지 인류는 손
으로 만드는 일이나 작업에만 노력을 집중해왔다.
육체 노동을 통해 도구를 만들거나 이미 존재하
는 것들을 변화시키거나 바꾸는 데 힘써왔다. 때
문에 자신의 생각을 무형의 재료에 연결시킴으로
써 새로운 형태를 만들어낸다는 생각을 못했던 것
이다.

인간이 도구를 만드는 과정을 생각해보자. 인간이 생각을 통해 그 어떤 형태를 떠올린 후 자연에서 그 재료를 구해 자신이 생각한 형태를 만들어낸다. 그러나 인간의 생각이 미치지 못하는 지점이 있다. 그것은 무형의 지성, 즉 '신'과 함께 협력하는 것에는 아무런 노력을 기울이지 않았다는 점이다. 인간은 '신께서 하신 일'을 어찌할 수 있겠느냐는 생각에 사로잡혀 있었다. 우리는 신과 협력하려고, 다시 말해 '신과 함께' 일하려 하지 않았다. "신이 행한 그것을 보고 따라 하라"(요한복음 5장 19절)는 것을 실행할 생각은 못했다. 그러므로 이미 존재하는 것들의 모양을 바꾸거나 수정하는 일만 해왔다. 스스로의 생각을 통해 무형의 재료와 의사소통함으로써 무엇인가를 만들어낼 수 있지 않을까 하는 데까지 생각이 미치지 못했던 것이다. 그래서 나는 이 책을 통해 우리도 그렇게 할 수 있으며, 특별한 사람만이 아니라 누구든지 그렇게 할 수 있다는 것을 증명할 것이다. 그 첫걸음으로 세 가지를 제안하려 한다.

우선 '원시 물질'이라는 혼돈 상태의 만물을 창출한 물질이 있음을 확인해야 한다. 표면상으로 모든 원소는 서로 달라 보인다. 하지만 하나의 원소가 여러 가지 형태로 나타난 것에 불과하다. 즉 유기물이나 무기물에서 볼 수 있는 다양한 형태는 모두 같은 물질로 만들어졌으나 그저 모양만 다를 뿐이라는 의미다. 이 물질이야말로 '생각하는 물질'이며 그곳에 전달된 생각이 현실의 형태로 모습을 드러

낸다. 생각이 '원시 물질'에서 모습을 창조하는 것
이다. 인간은 생각하는 존재다. 그러므로 인간 역
시 독창적인 생각이 가능하며, 그 생각을 '원시 물
질'에 전달할 수 있다면 자신이 생각한 형태를 만
들 수 있다. 이상의 내용을 요약하면 다음과 같다.

첫째, 만물의 근원은 '생각하는 물질'이다.
'생각하는 물질'이란 원시 상태에서 우주 공간
구석구석까지 퍼져 우주 공간을 가득 채우고
있다.
둘째, '생각하는 물질' 속에 있는 생각은 머릿
속에 연상했던 모습 그대로의 것을 형상화시
켜 창조해낸다.
셋째, 인간은 자신의 생각을 통해 형태를 연상

할 수 있으며, 그 생각으로 '생각하는 물질', 즉
'원시 물질'에 자극을 줌으로써 자신이 생각하
는 것을 창조해낼 수 있다.

누군가가 위의 사실을 증명할 수 있느냐고 한다
면 나는 망설이지 않고 '그렇다'고 대답할 것이다.
나는 이것을 논리적이고 경험적으로 증명할 수 있
기 때문이다. 나는 형태와 생각을 둘러싼 현상을
파고들면 그 근원은 '생각하는 물질'이며, '생각하
는 물질'이 창조해내는 것은 인간의 사고에 따라
결정된다는 사실을 확인할 수 있었다. 그리고 나
의 경험은 물론 많은 사람들이 실천해줌으로써 이
원칙들이 사실로 증명되었다. 그 경험들이 내게는
가장 강력하면서도 확실한 증거다.

만약 누군가가 이 책을 읽고 내가 말한 대로 실천해 부자가 되었다면, 그것 역시 내 주장을 뒷받침하는 하나의 증거가 될 것이다. 그리고 내가 말한 대로 실천한 사람 모두가 부자가 되었다면, 누군가가 실패를 하기 전까지 이 모든 경험은 내 주장에 대한 확실한 증거라 할 수 있다. 다시 한 번 강조하지만, 누군가가 실패하지 않는 한 이 이론은 진실이며 절대로 실패하지 않을 것이다. 왜냐하면 이 책의 내용대로 충실히 실천하는 한 부자가 못 될 까닭이 없기 때문이다.

나는 앞 장에서 '특별한 방식'에 따라 행동하면 부자가 될 수 있다고 말했다. 그러기 위해서는 '특별한 방식'으로 사고할 수 있어야 한다. 인간은 누구나 자신의 생각에 따라 행동한다. 그러므로 자신이 원하는 방식으로 일을 처리하려면 원하는 방식으로 생각할 수 있어야 한다. 이것이 부자가 되기 위한 첫걸음(첫 번째 단계)이다.

원하는 방식으로 사고한다는 것은 겉모습에 현혹되지 않고 '진실'을 사고하는 것이다. 모든 사람은 선천적으로 자신이 원하는 것을 생각할 수 있는 능력을 가지고 있다. 하지만 자신이 원하는 것을 생각하기 위해서는 겉모습에 현혹되지 않고 '진실'을 보기 위한 각고의 노력이 필요하다. 겉모습만 보고 판단하고 생각하는 것은 누구나 할 수 있다. 하지만 겉모습 속에 감춰진 진실을 사고하는 것은 매우 힘든 일로, 그 어떤 일보다 더 많은 에너지가 요구된다.

우리가 하기 싫어하고 힘들어 하는 것 중 하나가 끊임없이 생각하는 일일 것이다. 에너지가 많이 소비되기 때문이다. 특히 진실이 겉모습과 상반되는 경우 그러한 경향이 더욱 두드러진다. 눈에 보이는 세상은 그것을 들여다보는 사람의 생각에 맞춰 그 모습을 드러낸다. 그러므로 진실을 보기 위해서는 '진실'을 사고하는 수밖에 없다. 그럴 때 겉모습 속에 감춰진 '진실'을 바라볼 수 있다.

병든 모습을 보게 되면 마음속에 질병의 형태가 자리하고, 결국에는 몸에도 병이 생기고 만다. 그렇게 되지 않으려면 본질은 건강하다는 진실을 볼

줄 알아야 한다. 병든 모습은 그저 거짓된 겉모습에 지나지 않는다는 사실을 알 수 있다면 '진실'에 한 발 더 접근할 수 있다. 이와 마찬가지로 가난한 겉모습을 생각하면 그에 어울리는 형태가 마음속에 자리하게 된다. 그렇지만 풍요롭게 살 수 있다는 진실을 마음속에 품고 산다면 가난해지는 일은 절대 일어나지 않는다.

현실이 그러하지 않더라도 병든 환경에서 건강을 생각하고, 가난함 속에서 풍요를 생각하기 위해서는 '에너지'가 필요하다. 그리고 그 '에너지'를 얻는 사람은 '초월한 지성을 가진 사람'이 된다. 그리고 그 사람은 주어진 운명을 극복하고 바라던 바를 이룰 수 있다. 이 '에너지'를 얻기 위해서는 겉모습으로 인해 감춰진 본질, 즉 '진실'을 이해해야 한다. 그 '진실'이란, 이 세상에 존재하는 모든 것은 단 하나의 생각하는 실체인 '생각하는 물질'로부터 만들어졌다는 사실이다. 그리고 그 물질에서 자란 모든 생각은 형상이 된다는 것, 그 물질에 에너지를 전달함으로써 생각을 형상으로 만들 수 있다는 사실에 주목해야 한다.

이 사실을 깨닫게 되는 순간 모든 의문과 걱정은 사라질 것이다. 왜냐하면 당신은 마음먹은 대로 상상할 수 있고, 마음먹은 것을 가질 수 있으며, 되고자 하는 자신의 모습이 될 수 있기 때문이다. 이제 의심의 고리를 끊어버리자. 부자가 되기 위한 첫걸음으로 앞서 제시한 기본 원칙을 믿

고 실천해야 한다. 이 기본 원칙은 매우 중요하므
로 다시 한 번 짚고 넘어가자.

첫째, 만물의 근원은 '생각하는 물질'이다.
'생각하는 물질'이란 원시 상태에서 우주 공간
구석구석까지 퍼져 우주 공간을 가득 채우고
있다.
둘째, '생각하는 물질' 속에 있는 생각은 머릿
속에 연상했던 모습 그대로의 것을 형상화시
켜 창조해낸다.
셋째, 인간은 자신의 생각을 통해 형태를 연상
할 수 있으며, 그 생각으로 '생각하는 물질', 즉
'원시 물질'에 자극을 줌으로써 자신이 생각하
는 것을 창조해낼 수 있다.

부자가 될 준비가 되었는가? 그렇다면 이제부터 이 기본 원칙을 제외한 다른 모든 이론은 머릿속에서 지워버려라. 그리고 이 기본 원칙이 마음속에 완전히 자리 잡아 몸에 밸 때까지 오로지 여기에만 매달려야 한다. 이 원칙을 삶의 신조로 삼아 매일 반복해서 읽고, 한 단어 한 단어를 기억해야 하며, 확실하게 믿을 수 있을 때까지 끊임없이 생각해야 한다. 대체 왜 이것이 진실일까 하는 의심 따위는 던져버려야 한다. 자신이 가지고 있는 믿음에 혼란이 찾아오면 그 순간 모든 노력이 물거품이 되기 때문이다.

부자가 되는 길은 이 기본 원칙을 완벽하게 받아들이고 실천했을 때 열리게 된다.

사소해 보이는 일에도 엄격하게 원칙을 지켜라.
겉으로 보기에 사소해 보이는 일에서도
작은 진리나 거짓이 드러나기 때문이다.

케샤반 나이르

5
경쟁자가 아닌 창조자가 되라

씨앗이 성장하여 열매를 맺고자 하는 소망,
그것이 생명의 본질이다

신이 당신을 가난하게 살도록 운명 지었다고 생
각하는가? 또는 당신이 가난하게 사는 것이 신의
의지에 부응하는 것이라고 생각하는가? 그렇다면
그 생각은 크게 잘못된 것이다. 혹시라도 마음속
에 그런 생각이 있다면 지금 이 순간부터 말끔하
게 지워버려라.

만물의 근원인 '생각하는 물질'은 만물에 내재한다. 따라서 당신 안에도 '생각하는 물질'이 존재한다. 이 근본 물질은 '살아 있는' 존재다. 모든 지적인 존재는 생명력을 높이고 증진시키려는 자연스럽고 본래적인 욕구를 가지고 있다. 만물의 근원인 '생각하는 물질' 역시 마찬가지다. 살아 있는 모든 존재는 끊임없이 자신의 생명력을 키우는 방법을 찾기 때문이다.

식물의 씨앗을 생각해보자. 씨앗은 그 자체로 생명력을 품고 있다. 씨앗은 땅에 뿌려진 다음 싹을 틔우고 성장해, 또 다른 수백 개의 씨앗을 만들어낸다. 이와 마찬가지로 모든 생명은 살아가는 동안 자신과 같은 존재를 재생산한다. 종種이 계속해서 살아남기 위해서는 반드시 그래야만 하기 때문이다.

우리의 지성 역시 마찬가지다. 생각하는 동시에 그 생각은 다른 생각으로 확장되고, 의식 또한 계속해서 가지를 뻗어나간다. 또한 무엇인가를 배우게 되면 다른 것을 배우고 싶은 바람을 가지게 된다. 이는 우리 안에 깃든 생명이 우리를 통해 자신을 표출할 방법을 찾고 있는 것이다. 그래서 우리는 더 많이 알고 싶어지고, 더 많이 행동하고 싶어지고, 더 많은 것이 되고 싶어지는 것이다. 더 많이 알고, 더 많이 행동하고, 더 많은 것이 되기 위해서는 더 많은 것을 가져야 한다. 배우고, 행동하고, 무언가가 되기 위해서는 반드시 어떠한 물질을 사용해야 한다. 우리가 부자가 되어야 하는 이유가 여기에 있다.

충실함을 추구하는 보다 나은 삶을 실현하기 위해 반드시 필요한 것은 부자가 되고자 하는 소망이다. 소망을 품게 되면 미처 표출하지 못한 가능성을 행동으로 옮기기 위해 노력하기 때문이다. 그리고 소망을 불러일으키는 것은 표출하고자 하는 힘이다. 더 많은 돈을 벌고자 하는 당신의 소망은, 씨앗이 성장하여 더 많은 열매를 맺고자 하는 소망과 동일한 것이다. 더 많이 표출하고자 하는 것, 그것이 바로 생명의 본질이다.

살아 있는 존재인 '생각하는 물질'은 이처럼 모든

생명체에 내재되어 있는 본래적 법칙에 따라 움직인다. 또한 이 물질은 보다 풍요롭게 살고 싶다는 소망을 가지고 있다. 때문에 이 물질 역시 사물을 만들어내길 원하는 것이다. 그리고 이 물질은 당신 안에서 더욱 풍성하게 살기를 원한다. 때문에 당신이 모든 것을 가지게 되기를 원한다.

다시 한 번 강조하지만, 당신이 부자가 되는 것은 신의 뜻이다. 만일 당신이 많은 것을 가지고 있어서 신에게 그 영광을 돌리는 데 지금보다 더 많은 것을 사용할 수 있다면, 신은 당신을 통해 자신을 더욱 잘 표현할 수 있기 때문이다. 다시 말해 당신이 많은 부를 누린다면 당신 안에 깃든 신 역시 더욱더 풍성하게 살아갈 수 있다는 것이다.

우주는 당신이 원하는 모든 것을 가지기를 바란다. 자연은 당신의 생각과 계획이 이루어지기를 지지하는 친구다. 부디 이 말이 진실임을 믿어라. 다만 반드시 기억해야 할 것이 있다. 당신의 생각과 계획은 우주를 이루는 존재의 목적과 조화를 이루어야 한다. 즉 당신의 목적이 우주의 목적에 부합해야 한다는 것이다. 그저 단순한 육체적 즐거움을 따르는 것이 아니라 진정한 삶을 목적으로 해야 한다. 또한 육체적이든 지적이든 정신적이든 어느 하나에 치우치지 않는 조화로운 삶을 살아가야 한다.

첫째, 부자가 되기 위한 목적이 동물적인 삶을 살기 위한 것이어서는 안 된다. 동물적인 욕구를 충족시키는 것만으로 진정한 삶을 살아간다고 할 수 없기 때문이다. 물론 육체적 역할을 수행하는 것도 삶의 일부분이기 때문에 육체적 욕구를 완전히 거부하라는 의미는 아니다.

둘째, 부자가 되기 위한 목적이 지적인 즐거움만 추구하기 위한 것이어서도 안 된다. 지식을 얻기 위해, 야망을 실현하기 위해, 다른 사람들보다 뛰어나 보이기 위해, 혹은 유명해지기 위해 부자가 되려 해서는 안 된다. 물론 이런 모든 것이 삶의 일부분에 속한다는 것을 부인할 수는 없다.

셋째, 부자가 되기 위한 목적이 다른 사람만을 위한 것이어서도 안 된다. 인류를 구원하기 위해 자신을 버리는 것, 혹은 박애와 희생의 기쁨을 누리기 위해 그러한 목적만 따르는 것은 옳지 못하다. 영혼의 기쁨 역시 삶의 일부분이며, 다른 부분과 비교했을 때 특별히 더 나은 것도, 더 고귀한 것도 아니기 때문이다.

우리는 왜 부자가 되기를 원하는가? 그 이유는 다양하다. 원하는 것을 먹고 마시기 위해서, 어떤 일이든 즐겁게 하기 위해서, 아름다운 것들과 함께하기 위해서, 오지를 탐험하고 마음을 채우며 지적인 욕구를 충족하기 위해서, 사람을 사랑하고 친절을 베풀기 위해서, 그리고 온 세계가 진리를 찾는 일에 큰 도움을 주기 위해서 부자가 되기를 원한다. 하지만 여기서 기억해야 할 것은 어느 쪽이든 치우침 없이 이 모든 것이 조화를 이루어야 한다는 사실이다.

우리가 경계해야 할 것은 극단적인 이기주의나 이타주의다. 신은 결코 당신 자신이 타인을 위해 일방적으로 희생하기를 원하지 않는다. 그러니 신의 사랑을 얻기 위해 희생해야 한다고 생각한다면 그 생각을 버려라. 신이 원하는 것은 당신이 최대치를 실현하는 것이다. 당신이 최고의 상태에 이를 때만이 당신 자신은 물론 다른 사람도 도울 수 있기 때문이다. 최고의 자신을 만드는 유일한 방법은 부자가 되는 것이다. 그러므로 부를 얻는 것이 가장 우선시되어야 하며, 이를 최고의 목표로 삼고 노력을 기울이고 집중하는 것은 당연하고 옳은 일이다.

여기서 기억해야 할 한 가지가 있다. 만물의 근원인 '생각하는 물질'은 모두를 위해 움직이며, 모든 것에 더 풍성한 삶을 부여하고자 한다는 사실이다. 당신뿐만 아니라 모든 대상에 있어서 공평하며, 모든 것의 부와 진정한 삶을 추구한다. 지적인 존재, 즉 신은 당신을 위해 무엇인가를 만들 것이다. 하지만 누군가에게서 무엇인가를 빼앗아 당신에게 주지는 않는다. 그러니 쓸데없는 경쟁심은 버려라. 이미 만들어져 있는 것들을 두고 경쟁할 것이 아니라 새로운 무엇인가를 창조하겠다는 마음을 가져야 한다.

어느 누구에게서든, 어떠한 것이든 빼앗으려 하지 마라. 악착같이 흥정할 필요도 없고, 남을 속이

거나 이용할 필요도 없다. 정당하지 못한 적은 보
수를 주며 당신을 위해 일하도록 시킬 필요도 없
다. 다른 사람이 가진 것을 부러워하거나, 그것을
갈망할 필요도 없다. 그 사람이 가지고 있는 것을
당신도 가질 수 있다. 당신은 경쟁자가 아니라 창
조자가 되어야 한다. 그럴 때 당신은 비로소 당신
이 원하는 것을 가질 수 있다. 그리고 다른 사람
들도 지금 가지고 있는 것보다 더 많은 것을 가지
기 위해서는 창조자가 되어야 한다.

물론 내가 말하는 방법과 정반대 방식으로 많은
돈을 번 사람들이 있다는 사실을 나도 잘 안다. 그
러므로 그와 관련해 몇 마디만 하겠다. 몇몇 재벌
가를 보면 타인과의 경쟁에서 탁월한 수완을 발휘

한 사람들이 있다. 때때로 그들은 만물의 근원인 '생각하는 물질'과 무의식적으로 연결되어 산업을 발전시킴으로써 다른 사람들도 함께 발전시킨다. 다시 말해 누구나 다 알고 있는 록펠러나 카네기, 모건 등이 바로 그런 사람들이다. 그들은 무의식적으로 신의 대리인이 되어 생산 산업을 체계화하고 조직하여 결국에는 모든 이들의 삶을 향상시키는 데 큰 역할을 했다.

그러나 그들의 시대는 끝났다. 그들은 선사시대의 공룡과 같다. 즉 진화 과정에서 필수적인 역할을 수행했지만 그들을 만들어냈던 힘이 결국에는 그들을 버릴 것이다. 실제로 그들은 진정한 부자가 아니었음을 기억해두기 바란다. 그들의 사생활에 대한 기록을 살펴보면 대부분이 안타까울 정도로 비참하고 가여운 측면이 적지 않았음을 알게 될 것이다.

경쟁에 바탕을 둔, 경쟁에 의해 보호받는 부는 절대 영원하지 않고 만족할 수도 없다. 설령 오늘은 그 부가 내 손 안에 있을지라도 내일은 다른 누군가의 손으로 넘어갈 것이다. 하지만 내가 말한 '특별한 방식'에 의해 부자가 되면 경쟁심은 완전히 버릴 수 있다. 혹여라도 공급이 모자랄 수 있다는 생각은 하지 마라. 은행가나 다른 누군가가 부를 독점하고 지배한다는 생각도 버려라. 그런 생각은 경쟁심을 부를 뿐이다. 그리고 경쟁심이 생기는 순간 당신의 창조력은 사라져버릴 것이다. 뿐만 아니라 이미 자리 잡기 시작한 창조적인 마음가짐도 모두 날아가버린다.

이 지구상에는 우리가 가치를 매길 수 없을 정도로 어마어마한 양의 금이 매장되어 있다는 사실을 알아야 한다. 만약 금이 묻혀 있지 않다면, 만물의 근원인 '생각하는 물질'로 인해 당신에게 필요한 양이 만들어질 것이다. 당신에게 필요한 돈은 반드시 생겨날 것임을 믿어야 한다. 새로운 금광을 발견하기 위해 수천 명의 사람이 필요할지라도 그 부는 결국 당신의 몫이 될 것이다.

결코 겉으로 드러난 부의 양에 얽매이지 마라. 당장 눈에 보이는 형태의 공급이 아닌, 형태는 없지만 만물의 근원인 '생각하는 물질'이 창조해내는 무궁무진한 부를 볼 줄 알아야 한다. 그리고 그 부는 당신을 향하고 있음을 알아야 한다. 어느 누구도 부를 독점하거나 다른 어떤 방법을 동원한다 해도, 당신이 부를 가지지 못하게 막을 수는 없다. 그러니 한순간이라도 경쟁심을 가져서는 안 된다. 다른 기업이나 부자들에게 질투심이나 경쟁심을 가지지도 말고, 마치 그들이 부를 독차지하지나 않을까 걱정할 필요도 없다. 누군가가 당신이 원하는 것을 가로채지나 않을까 두려워하지도 마라. 그런 일은 결코 일어나지 않는다.

당신은 만물의 근원인 '생각하는 물질'을 이용해 당신이 원하는 것을 만들 수 있다. 그 재료는 무한하다. 부자가 되는 기본 원칙을 다시 한 번 되새겨보자.

첫째, 만물의 근원은 '생각하는 물질'이다. '생각하는 물질'이란 원시 상태에서 우주 공간 구석구석까지 퍼져 우주 공간을 가득 채우고 있다.

둘째, '생각하는 물질' 속에 있는 생각은 머릿속에 연상했던 모습 그대로의 것을 형상화시켜 창조해낸다.

셋째, 인간은 자신의 생각을 통해 형태를 연상할 수 있으며, 그 생각으로 '생각하는 물질', 즉 '원시 물질'에 자극을 줌으로써 자신이 생각하는 것을 창조해낼 수 있다.

춤추는 별을 잉태하려면
반드시 스스로의 내면에 혼돈을 지녀야 한다.

프리드리히 니체

6

바라는 것을 이미지로 그려라

부에 대한 확신을 가져라
그리고 주저하지 말고 추구하라

나는 유리한 것을 얻으려고 악착같이 흥정할 필
요도 없고, 남을 속이거나 이용할 필요도 없다고
말했다. 하지만 이 말은 거래나 흥정을 하지 말라
는 의미는 아니다. 다만 부당한 방법으로, 아무런
대가를 치르지 않고 무엇인가를 얻으려 해서는 안
된다는 것이다. 즉 불공정한 거래를 해서는 안 된

다는 의미다. 가령 직원을 제대로 대우해주지도 않으면서 그들을 착취의 대상으로 바라보아서는 안 된다. 정당한 대가를 지불하고 그들이 즐겁게 일할 수 있도록 해주어야 한다.

반대의 경우를 생각해보자. 당신은 당신이 얻는 것 이상의 가치를 상대에게 줄 수 있다. 여기서 말하는 가치란 비단 현금에만 국한되는 것이 아닌 더 많은 사용가치를 돌려줄 수 있다는 뜻이다. 지금 당신 손에 들려 있는 이 책을 생각해보자. 당신은 이 책을 구매할 때 이 책에 사용된 종이나 잉크 등의 재료비보다 훨씬 많은 대가를 지불했을 것이다. 하지만 이 책의 내용을 읽고 '특별한 방식'으로 사고하고 행동한 결과 큰돈을 벌 수 있다고 생각해보자. 그러면 당신은 당신이 지불한 돈에 비해 훨씬 큰 사용가치를 얻은 것이다.

다른 예를 하나 더 들어보겠다. 내가 어느 유명한 화가의 그림을 소장하고 있다고 가정해보자. 이 그림은 돈으로 따지면 수천 달러의 값어치가 있다. 그런데 내가 북극 지방에 살고 있는 에스키모를 만나 '장사 수완'을 발휘해 500달러 상당의 모피를 받고 그림과 교환했다면 정당한 거래일까? 아니다. 그 그림은 에스키모에게 아무짝에도 쓸모가 없기 때문이다.

하지만 내가 그에게서 모피를 받고 50달러짜리 총을 팔았다면 정당한 거래일까? 언뜻 보면 나는

500달러 상당의 모피를 받았으므로 불공정한 거래 같다. 그러나 이는 정당한 거래다. 에스키모는 내게서 받은 총을 사용해 더 부유하게 살 수 있기 때문이다. 총은 그에게 모피보다 더 커다란 사용가치를 지닌다. 총이 있으면 더 많은 동물을 사냥해 가죽을 얻을 수 있고 식량도 마련할 수 있기 때문이다.

경쟁심을 버리고 창조적인 일을 시작할 때는 지금까지의 사업적 거래를 면밀히 검토해야 한다. 그리고 그 결과 상대방으로부터 더 많은 대가를 받고 있다면 그 거래는 당장 멈추어야 한다. 사업상 거래에서 상대를 속여서는 안 된다. 만일 상대를 속이고 있다면 당장 그만두어야 한다. 거래에서는 언제나 당신이 받은 대가에 상응하는 가치를 제공하라. 그렇게 되면 당신 덕분에 세상 사람들의 생활이 향상될 것이다.

만일 당신이 조직을 거느리는 리더나 사업가라면, 그들에게 주는 월급보다 더 많은 가치를 얻어내려는 것은 당연한 일이다. 대신 그들에게는 더 많은 기회가 주어지도록 조직을 구성하고, 직원들이 매일 조금씩이라도 발전할 수 있도록 동기부여를 해주어야 한다. 당신이 이 책에서 받은 영향을 팀원들이나 사원들에게도 나눌 수 있는 팀이나 기업으로 키워라. 모든 팀원이나 직원들이 부자가 될 수 있는 사다리가 되어주어야 한다. 그럼에도 불구하고 팀원이나 직원들이 따르지 않는다면 그것은 당신 책임이 아니다.

나는 앞에서 우리는 주위에 스며들어 있는 만물의 근원인 '생각하는 물질'로부터 부를 창출해낸다고 했다. 하지만 그 부나 생각하는 것들이 저절로 어떤 형태를 취하고 어느 순간 갑자기 우리 눈앞에 나타나지는 않는다. 예를 들어 당신이 멋진 자동차를 원한다고 가정해보자. 자동차의 이미지를 '생각하는 물질'에 전달하기만 한다고 아무 노력도 없이 당신 눈앞에 자동차가 나타나지는 않는다.

만약 자동차가 필요하다면, 강한 확신을 가지고 그것이 현재 만들어지고 있다는 분명한 믿음을 가져야 한다. 일단 그런 생각이 정립되면 머지 않아 자동차가 당신 것이 될 것이라고 믿어라. 그리고 당신에게 자동차가 곧 도착할 것이라는 생각 이외의 다른 생각은 하지도 말고 말하지도 말아야 한다.

당신이 바라는 것을 생각하면 모든 사람의 마음을 움직이는 최고의 지성이라는 힘이 당신에게 바라는 것을 보내줄 것이다. 다른 지방이나 해외에 있는 사람이 당신을 찾아와 당신이 원하는 물건을 거래하자고 제안하게 될 것이다. 그 거래를 통해 당신은 원하는 것을 얻을 수 있다. 그러면 그 거래는 당신뿐만 아니라 상대에게도 이익이 되며, 그 거래 때문에 당신이 원하던 것을 얻을 수도 있다.

만물의 근원인 '생각하는 물질'은 모든 사물에 스며들어 있고, 모든 것 안에 존재한다. 또한 모든 것과 소통함으로써 만물에 영향을 미치고 있다. 이 사실을 한순간도 잊어서는 안 된다. '생각하는 물질'은 생활의 충실함과 향상을 추구하기 때문에 지금까지 수많은 자동차가 만들어졌다. 그리고 앞으로 더 많은 자동차가 만들어질 것이다. 그러므로 기대와 확신을 가지고 '특별한 방식'에 따라 사고하고 행동한다면 당신이 원하는 것이 무엇이든 만들어낼 수 있을 것이다.

당신은 틀림없이 자동차를 가질 수 있을 것이다. 뿐만 아니라 당신이 원하는 것은 무엇이든 가질 수 있다. 그리고 그것은 당신의 생활은 물론 당신과 연결된 다른 사람들의 삶도 향상시킬 수 있다. 그러니 주저하지 말고 더 많은 것을 추구하라. "너희 아버지께서 그 나라를 너희에게 주시기를 기뻐하시느니라"(누가복음 12장 32절)라고 예수도 말하고 있다.

'생각하는 물질'은 당신이 모든 가능성을 성장시키고, 가능한 것을 모두 이용하여 가장 풍요롭게 살기를 원하고 있다. 모든 혜택을 누리고 풍요롭게 살기를 원하는 당신의 소망은 바로 충분히 자신의 모습을 드러내고자 하는 '전능하신 신'의 바람과 동일하다는 사실을 깨달아야 한다. 이 점을 당신의 의식 속에 각인시킨다면 당신의 확신은 그 어떤 것으로도 깨뜨릴 수 없을 만큼 견고해질 것이다.

언제인지 정확히 기억나진 않지만 잔뜩 화가 난 채 피아노 앞에 앉아 있는 소년을 만난 적이 있다. 나는 그 소년에게 다가가 왜 그렇게 화가 났느냐고 물어보았다. 소년은 "내 안에 음악이 흘러넘치고 있는데 도무지 손이 마음대로 움직이질 않아 연주를 할 수 없어요"라고 답했다. 그 소년의 마음속에 울리고 있던 음악은 만물의 모든 가능성을 잉태한 '원시 물질'의 '충동'이며, 그 충동은 소년을 통해서 음악으로 표현하려 했던 것이다.

'유일의 물질'인 신은 사람의 형상을 통해 살기를 원하고, 수많은 일을 행하며, 모든 것을 경험하려 한다. 신은 우리에게 이렇게 말한다. "나는 나의 조화로움을 표현할 수 있는 손이 필요하다. 그리고 그 손으로 멋진 건축물을 짓고, 아름다운 음악을 연주하고, 훌륭한 그림을 그리고 싶다. 나는 나의 일을 행할 다리가 필요하며, 눈이 필요하며, 입이 필요하다. 나는 다리로는 나의 일을 행할 것이며, 눈으로는 아름다운 나의 피조물을 바라볼 것이며, 입으로는 강력한 진실을 말하고 멋진 노래를 부르고 싶다."

이처럼 신은 자신의 잠재된 능력이 인간을 통해 표현되기를 바란다. 신은 음악을 연주할 수 있는 사람이 피아노나 그 밖의 다른 악기를 가지게 되기를 바란다. 그리고 그 악기를 통해 자신의 재능을 최대한으로 성장시키기를 바란다. 즉 신은 인간이 자신의 재능을 최대한 펼치는 데 필요하다면 어떤 것이라도 가지기를 원한다. 그러므로 아름다움의 가치를 아는 사람의 주위에는 아름다운 것으로 가득 차기를 원한다. 또한 진리를 깨달을 수 있는 사람은 여행하고 견문을 넓히는 기회를 가지기를 원하며 아름답게 옷을 입을 줄 아는 사람은 아름다운 옷을 입기를, 맛의 가치를 아는 사람에게는 좋은 음식이 주어지기를 바란다.

신은 왜 이러한 것들을 원할까? 그것은 이 모든 것을 즐기고 깨닫게 되는 주체가 바로 신 자신이기 때문이다. 음악을 연주하고, 노래를 부르고, 아름다움을 감상하고, 진실을 말하고, 아름다운 옷을 입고, 좋은 음식을 먹는 존재가 바로 신이라는 것이다. 바울이 "너희 안에서 행하시는 이는 하나님이시니 자기의 기쁘신 뜻을 위하여 너희에게 소원을 두고 행하게 하시나니"(빌립보서 2장 13절)라고 이야기했듯이.

부자가 되려는 우리의 소망은 끝이 없다. 이는 피아노 앞에 앉아 훌륭한 연주를 원하는 소년의 마음과 다르지 않다. 피아노 앞에 앉은 작은 소년을 통해 아름다운 음악이 연주되기를 바라듯, 신은 우리를 통해 자신을 나타내길 원하기 때문이다. 그러므로 주저하지 말고 많은 것을 추구하라. 우리가 해야 할 일은 신에게 소망의 초점을 맞추고 표현하는 것뿐이다. 그것으로 족하다.

하지만 대부분의 사람들은 이를 어려워한다. 신의 뜻을 올바르게 이해하지 못하고 있기 때문이다. 자신을 희생하고 가난하게 사는 것이 신이 원하는 삶은 아니다. 하지만 대부분의 사람들은 가난이 신의 계획 중 일부이며 원래 필연적인 것이라 여기고 있다. 또한 신은 이미 만들 수 있는 모든 것을 만들고 일을 마쳤기에, 남용하면 결국 바닥을 드러낼 것이기에 인간이 가난을 받아들여야 한다고 생각한다. 그것은 우리의 착각이다.

이처럼 착각에 빠져 있기 때문에 부를 추구하는 것은 부끄러운 행위이며, 생활에 곤란을 겪지 않을 정도의 수입 이상은 바라지 않아야 한다고 여긴다. 하지만 부자가 되기를 원한다고 결코 속물이라고 말할 수는 없다.

　나는 한 수강생을 생생히 기억하고 있다. 나는 그 수강생에게 "바라는 것을 분명하고 확실하게 마음속에 그려보라. 그러면 마음속에 그린 그림의 창조적인 생각이 무형의 존재를 자극하게 될 것이다"라고 말해준 적이 있다. 하지만 그 수강생은 임대주택에 살면서 하루하루를 근근이 연명하는 처지였다. 때문에 자신이 바라는 모든 것이 주어진다는 사실을 쉽게 받아들이지 못했다.

　나는 그 수강생과 많은 이야기를 나누었고, 결국 그 수강생은 아주 소박하지만 자신에게 꼭 필요한 것을 마음속에 그리기로 했다. 그것은 방에

깔 깔개 한 장과 추운 겨울을 이겨낼 수 있는 난로
였다. 그러고는 이 책에 나오는 내용대로 따랐고,
얼마 뒤 자신이 원하던 것을 가지게 되었다. 그러
고 나서야 그는 자신이 바라는 방법이 잘못되었음
을 깨닫게 되었다.

그 수강생은 이 경험을 통해 새로운 소망을 갖
게 되었고, 자신의 집을 점검하고 개선해야 할 목
록, 즉 자신이 원하는 것들에 대한 계획을 세웠다.
'여기에 창문이 있으면 좋겠어, 저기에는 방이 하
나 더 있으면 좋겠고' 하는 식으로 원하는 이미지
를 연상하며 이상적인 집의 모습을 마음속에 완성
해갔다. 그리고 그는 이제까지의 삶의 방식과 다르
게 '특별한 방식'으로 살기 시작했다. 자신이 원하

는 것을 향해 사고하고 행동한 결과 마침내 그 집을 갖게 되었을 뿐만 아니라 마음속에 그렸던 집으로 개조할 수 있었다.

이제 그는 이전과 아주 다른 삶을 살고 있다. 더욱더 확신을 가지고 더 훌륭한 것들을 손에 넣으려 노력하고 있다. 그가 그렇게 될 수 있었던 것은 강한 확신을 가졌기 때문이다. 이러한 변화는 당신은 물론 누구에게나 똑같이 일어날 수 있다. 그 수강생의 믿음이 모든 것을 가능하게 했듯, 당신도 확신을 가지고 '특별한 방식'으로 살아간다면 원하는 모든 것을 가질 수 있다.

믿는 사람에게는 모든 것이 가능하다.

오프라 윈프리

7
'특별한 방식'에 따라 사고하라

목적의식을 분명히 하라
모호한 소망은 창조적인 힘을 움직일 수 없다

자신이 원하는 집의 이미지를 마음속에 그렸던 수강생의 이야기(제6장)를 다시 한 번 읽어보기 바란다. 그 이야기를 통해 부자가 되기 위한 첫걸음을 조금은 이해할 수 있을 것이다. 그것은 바로 자신이 원하는 바를 명확하고 선명하게 마음속에 그리는 일이다. 먼저 마음속으로 생각하지 않으면, 그 생각을 근본 물질에 전달할 수 없다. 자기 스스로 확신하지 않고서 어떻게 그 생각을 전달할 수 있겠는가.

자신이 이해할 수 없는 것을 남에게 전달할 수는 없다. 하지만 많은 사람들이 자신이 원하는 것, 하고 싶은 것, 되고자 하는 것에 대해 모호하고 흐릿한 개념만 가지고 있기 때문에 생각하는 존재를 자극하는 데 실패한다. 그저 부자가 되고 싶다는 막연한 소망만으로는 부족하다. 그런 소망은 누구나 생각하고 있다.

여행을 통해 식견을 넓히고 인생을 충실하게 살고 싶다는 식의 바람만으로는 부족하다. 모호한 생각이기 때문이다. 예를 들어 당신이 여행지에서 친구에게 편지를 보낸다고 하자. 그저 철자를 순서대로 늘어놓는다거나 사전에서 아무렇게나 단어를 골라 보내고는 그 친구에게 알아서 조합해 당신이 전하고자 하는 메시지를 알아맞히라고 할 수는 없는 노릇이다. 명확하고 바로 이해할 수 있는, 의미를 담고 있는 문장을 보내야 한다.

당신이 근본 물질에 당신의 생각을 전달할 때도 마찬가지다. 이때도 반드시 의미 있는 문장으로 당신의 생각을 전달해야 한다. 그러기 위해서는 당신이 원하는 것을 명확히 알아야 한다. 모호하고 불명확한 바람이나 소망으로는 창조적인 힘을 움직일 수 없다. 물론 부자도 될 수 없다.

제6장에서 소개한 수강생이 그러했듯 당신의 소망을 다시 한 번 잘 살펴보기 바란다. 그리고 당신이 얻고자 하는 것의 명확한 이미지를 연상해보라. 그런 다음 그 이미지를 계속해서 지니고 있어야 한다. 가령 선원들이 항해하는 동안 자신이 돌아갈 항구의 모습을 마음속에 간직하듯이 명확한 이미지를 끊임없이 머릿속에 연상하고 생각하라. 키잡이의 눈이 언제나 나침반을 향해 있듯, 당신은 언제나 그 이미지를 바라보아야 한다.

이를 위해 집중력을 키울 필요도, 시간을 들여 기도하거나 증언을 할 필요도, 혹은 명상을 하는 등 신비주의를 흉내낼 필요도 없다. 그저 당신이 원하는 것이 무엇인지, 얻고자 하는 것이 무엇인지를 깨닫고, 당신의 마음속에 계속 머물게 하면서 끊임없이 생각하면 된다. 시간이 날 때마다 반복해서 그 이미지를 연상하라. 그렇다고 마음속으로 바라는 것이 무엇인지를 명확히 하기 위해 일부러 집중력을 높이는 훈련을 할 필요는 없다. 왜냐하면 그것에 대해 생각하는 데 노력이 필요하다면 그것을 진정으로 원하지 않는다는 반증일 테니까.

진정으로 부자가 되기를 원하고, 아주 강하게 열망해서 막대자석이 나침반의 바늘을 끌어당기는 것처럼 목적에 당신의 생각을 집중시킬 정도가 아니라면 이 책에서 설명하는 방법을 시도해볼 가치도 없다. 이 책에서 설명하는 방법은 부자가 되고자 하는 소망이 정신적인 나태함이나 편안하기를 바라는 마음을 뛰어넘을 만큼 강력한 것일 때에만 효과를 발휘할 수 있기 때문이다.

마음속 이미지가 명확하고 구체적일수록 원하는 바에 대해 더 많이 생각하게 되고, 욕망 또한 강해진다. 그리고 욕망이 강할수록 더욱 쉽게 이미지에 마음을 집중할 수 있다. 그렇지만 명확하고 구체적인 이미지를 그리는 것이 전부는 아니다. 만약 거기에서 그친다면 당신은 한낱 몽상가에 불과하다. 몽상가는 원하는 바를 실현할 힘을 거의 얻을 수 없다. 당신이 그린 선명한 이미지의 이면에는 반드시 그것을 실현하겠다는 '목적의식'이 있어야 한다. 그리고 이 목적의식 뒤에는 그것이 이미 나의 것이라는 흔들리지 않는 '신념'이 있어야 한다. 그것은 이미 내 앞에 와 있으며 손을 뻗어 잡기만 하면 된다는 확고한 신념 말이다.

새집을 원한다면 실제로 그 집이 지어지기 전까지 마음속에서만이라도 그 집에서 살아야 한다. 정신적인 세계에서는 당신이 원하는 모든 것을 완벽하게 즐길 수 있음을 잊지 마라. 상상의 세계라면 당장이라도 원하는 것은 무엇이든 다 갖춰진 곳으로 갈 수 있다. 이에 대해 예수는 "무엇이든지 기도하고 구하는 것은 받은 줄로 믿으라 그리하면 너희에게 그대로 되리라"(마가복음 11장 24절)라고 했다.

실제로 바라는 것들로 둘러싸여 있는 상황을 상상해보라. 그리고 그것을 실제로 갖게 되었을 때 어떻게 사용하게 될지 상상 속에서 미리 사용해보라. 마음속 이미지가 명확하고 구체화될 때까지 생각하고 또 생각하라. 그런 다음 당신의 마음이 온전히 그 이미지를 향하도록 하라. 그것이 당신의 것이라는 확고한 신념을 가지고 마음속으로 소유하라. 그리고 단 한순간도 신념을 의심해서는 안 된다.

더불어 다음 장에서 상세하게 설명할 감사하는 마음도 잊어서는 안 된다. 감사하는 마음을 가슴에 새기고 원하는 것을 실제로 갖게 되었을 때 얼마나 감사하게 될지를 생각해보고 언제나 그렇게 감사해야 한다. 아직 상상으로만 가지고 있는 물건에 대해 감사할 수 있는 사람이야말로 진정한 믿음을 가지고 있는 사람이다. 그런 사람은 반드시 부자가 될 것이며, 자신이 원하는 것은 무엇이든 만들어냄으로써 풍요로운 삶을 영위할 수 있다.

그렇다고 원하는 것에 대해 쉬지 않고 기도할 필요는 없다. 신에게 매일매일 호소할 필요는 없다는 이야기다. 예수는 제자들에게 "기도할 때에 이방인과 같이 중언부언하지 말라"(마태복음 6장 7절)면서 "구하기 전에 너희에게 있어야 할 것을 하나님 너희 아버지께서 아시느니라"(마태복음 6장 8절)라고 했다.

당신이 해야 할 일은 풍요로운 삶을 위해 무엇

이 필요한지를 명확히 하는 것이다. 그러고 나서 그것을 하나로 정리해 모든 소망이 전체로 잘 연결되게 하여 근본 물질에 전달해야 한다. 그러면 그 근본 물질이 당신이 원하는 것을 가져다줄 것이다. 기도에 대한 응답은 당신이 말로 내뱉는 신념의 결과는 아니다. 그것은 당신이 몸으로 움직여 일하는 신념에 따라 주어진다. 즉 기도는 말이 아니라 노력이 수반될 때 결과를 얻을 수 있다는 의미이다. 특별한 날에만 자신이 원하는 것을 신에게 고하고 평소에는 잊고 산다면 신의 마음을 감동시킬 수 없다. 정해진 시간 동안만 벽장 안에 들어가 기도하고, 다시 그 시간이 돌아올 때까지 다른 생각에 정신을 빼앗기는 경우도 마찬가지다.

소리 내어 기도하는 것도 중요하다. 기도의 말은 힘을 가지고 있으며, 특히 기도하는 당신 자신에게 강력한 힘을 발휘해 원하는 이미지를 명확히 하고 신념을 강하게 만들어주기 때문이다. 하지만 소리 내어 기도하는 것만으로는 원하는 바를 얻을 수 없다. 진정한 부자가 되기 위해서는 한 번씩 '조용히 기도'하는 것이 아니라 '끊임없이' 기도해야 한다. 우리는 기도를 통해 비전을 유지할 수 있다. 이때 기도란 실제적인 형태를 창조해낸다는 목표를 가지고 마음속 이미지에 집중하는 것을 뜻한다. "무엇이든지 기도하고 구하는 것은 받은 줄로 믿으라"(마가복음 11장 24절).

명확한 이미지가 그려졌다면 이제는 그것을 받

을 차례다. 마음속에 이미지를 그렸다면 원하는 것을 소리 내어 기도하며 신에게 털어놓아라. 그리고 바로 그 순간부터 마음속으로는 원했던 것을 이미 받았다고 생각해야 한다. 새집에 살면서 멋진 옷을 입고, 고급 자동차를 타고 멋진 여행을 한다고 상상하라. 그리고 당신이 원하던 모든 것이 실제로 이루어진 것처럼 생각하고 말하라. 당신이 바라는 경제적 상황과 환경이 갖춰졌다고 상상하고, 그 상태가 지속되고 있다고 생각하라.

하지만 절대로 몽상가가 되거나 공중누각을 지으라는 이야기는 아니다. 그 상상이 반드시 실현될 것이라는 신념을 가지고 그것을 실현시킬 '목적의식'을 가져야 한다. 과학자와 몽상가가 다른점은 바로 이러한 신념과 목적의식을 가지고 있느냐 아니냐다. 이 점을 기억하며 다음 장에서는 '감사하는 마음'에 대해 배우도록 하자.

정신을 집중할 수 있을 때에만 기도하라.

탈무드

8
'감사하는 마음'을 가져라

감사하는 마음을 가져라
당신 안에 신념이 파도칠 것이다

지금까지 내가 설명한 내용을 이해했다면 부자가 되기 위한 첫 번째 단계는 원하는 것을 생각하고, 그것을 무형의 근본 물질에 전달하는 것임을 알았을 것이다. 이것은 결코 변하지 않는 진실이다. 그리고 그러기 위해서는 반드시 당신 자신과 무형의 근본 물질이 조화로운 관계를 맺고 유지해야 한다. 이것은 너무나도 중요하기 때문에 이번 장에서 충분히 설명할 것이다. 더불어 당신의 마음과 신의 뜻이 완전히 하나가 되는 확실한 방법에 대해서도 설명할 것이다. 이 방법을 제대로 실천한다면 당신은 신과 완전한 조화를 이룰 수 있다.

마음을 다스리고 신과 조화를 이루는 방법은 의외로 간단하다. '감사하는 마음'을 갖는 것이다. '감사하는 마음'을 갖기 위해서는 첫째, 모든 만물의 근원인 근본 물질(즉 생각하는 물질=신)이 존재한다는 사실을 믿어야 한다. 둘째, 이 물질로부터 모든 것이 진행되었음을 믿는 것이다. 셋째, 근본 물질이 당신이 원하는 것이라면 무엇이든 준다는 사실을 믿어야 한다. 그리고 마지막으로 깊고 진실한 감사의 마음을 가짐으로써 당신과 근본 물질을 연결하는 것이다.

다른 면에서는 더할 나위 없는 삶을 살고 있는 대부분의 사람들이 감사하는 마음이 부족해 부자가 되지 못하고 있다. 그런 사람들은 신으로부터 한 가지 축복을 받으면 감사하는 마음을 게을리해서 신과의 연결이 끊어지고 만다. 부의 원천이 되는 존재에 가까워지는 삶을 살수록 더욱 많은 부를 얻게 되는 것은 당연한 이치다. 그렇다면 감사로 넘치는 삶을 살아간다면 감사할 줄 모르는 사람들보다 더 신의 가까이에 머물 수 있다는 사실도 당연하지 않을까?

무엇인가 좋은 일이 생겼을 때 신에게 더 많은 감사의 마음을 가져라. 그러면 좋은 일이 더 많이, 그리고 더 빨리 당신을 찾아온다. 그 이유는 매우 단순하다. 감사하는 마음으로 가득한 태도가 당신을 축복의 근원과 더 가까워지도록 이끌기 때문이다. 감사하는 마음을 가져야 우주의 창조적 에너지와 더욱 친밀한 조화를 이룰 수 있다는 말이 잘 믿기지 않는가? 하지만 이는 사실이다. 당신이 지금 소유하고 있는 아름답고 좋은 것들은 당신이 특별한 법칙에 따라서 당신에게 온 것이기 때문이다.

감사하는 마음을 가지면 많은 것이 당신에게 올 수 있도록 마음이 움직이고, 창조적인 사고와 친밀한 조화를 이루기 때문에 경쟁적인 마음에 빠지지 않도록 당신을 지켜준다. 또한 감사하는 마음을 가지면 '세상의 모든 것', 즉 전체를 볼 수 있다. 그렇게 될 때 당신은 공급이 제한되어 있다는 잘못된 생각에 빠지지 않을 수 있으며, 당신의 소망에 치명적인 해를 주는 일도 미연에 방지할 수 있다. 그러므로 원하는 것을 얻기 위해서는 '감사의 법칙'을 지켜 실천해야 한다.

감사에는 특정한 법칙이 작용한다. 당신이 원하는 소망을 이루기 위해서는 반드시 그 법칙을 지켜야 한다. '감사의 법칙'이란 작용과 반작용이 항상 균등하게 각각 반대 방향을 향하여 작용하는 자연법칙이다. 신에게 감사하는 마음을 전하면 힘이 방출되고 그 힘을 받은 감사의 마음은 반드시 신에게 전달된다. 그에 대한 반작용이 바로 당신을 향한 즉각적인 신의 움직임으로 나타나는 것이다.

"하나님을 가까이하라 그리하면 너희를 가까이 하시리라"(야고보서 4장 8절)는 것은 심리학적 진리와 일치한다. 즉 신을 향한 당신의 감사하는 마음이 강하며 불변의 것이라면, 신이 보여주는 반작용도 끝없이 당신을 향할 것이며 또한 강렬할 것이다. 당신이 원하는 것은 언제나 당신에게 올 것이다. 예수께서도 "아버지여 내 말을 들으신 것을 감사하나이다 항상 내 말을 들으시는 줄을 내가 알았나이다"(요한복음 11장 41~42절)라며 항상 감사하는 태도를 보였다는 사실을 기억하기 바란다. 감사하는 마음을 갖지 않고는 부의 근원이 되는 힘과 연결되지 못하기 때문에 결코 큰 힘을 발휘할 수 없다. 당신과 '힘'을 연결하는 것은 바로 감사의 마음이다.

하지만 감사하는 마음의 가치는 미래에 더 많은 축복을 받는 데 국한되지 않는다. 감사하는 마음이 없으면 머지않아 불만을 갖게 될 것이다. 불만이 차오르는 순간 당신은 모든 것을 잃게 된다. 당신의 마음속에 불만이 싹트기 시작한다면 모든 일이 잘 풀리지 않게 될 것이다. 진부한 것, 평범한 것, 가난한 모습, 초라하고 볼썽사나운 것에만 눈길이 가게 되어 마음속에 그와 똑같은 형상이 자리 잡기 때문이다. 그렇게 되면 당신은 그런 이미지들을 무형의 존재에 전달하게 된다. 그 결과 진부하고, 평범하고, 가난하고, 초라하고 볼썽사나운 것들이 당신을 찾아온다. 마음이 열등한 것으로 가득 차면 스스로가 열등해지고, 주위에도 그런 것들만 넘쳐나게 된다.

그와 반대로 훌륭한 것에 관심을 두면 훌륭한 것들로 둘러싸이게 되고, 당신도 아주 훌륭한 상태를 유지하게 될 것이다. 당신 안에 존재하는 창조의 힘은 당신이 관심을 두는 이미지대로 당신을 만든다. 앞서 우리는 '생각하는 존재'라는 것을 확인한 바 있다. '생각하는 존재'는 스스로 생각하는 형상을 취하기 때문이다.

감사하는 마음은 언제나 최고의 것을 향해 있다.

때문에 그 마음을 갖는 것만으로 최고가 될 수 있으며, 최고의 모습과 성격을 갖게 되고 그에따라 최고의 것을 받게 된다. 신념 역시 감사하는 마음에서 나온다. 감사하는 마음은 끊임없이 선한 것을 기대하고 그 기대는 결국 신념이 된다. 자신에 대한 감사하는 마음이 있으면 그에 대한 반작용으로 신념이 생겨나고, 감사하는 마음이 파도칠 때마다 신념도 함께 성장해간다. 감사하는 마음이 없는 사람은 살아 있는 신념을 가질 수 없다. 그리고 살아 있는 신념이 없다면 '창조적인 방법'을 통해 부자가 될 수 없다. '창조적인 방법'에 관해서는 다음에 이어지는 장들에서 상세히 설명하도록 하겠다.

그러므로 당신은 당신에게 오는 모든 것에 대해

끊임없이 감사하는 습관을 들여야 한다. 또한 세상의 모든 것이 당신이 성장하는 데 도움이 되었다는 점도 기억하고 만물에 대한 감사도 잊지 말아야 한다. 부족한 점에 대해 생각하고 이야기하느라 시간을 허비하지 마라. 부패한 기업인을 비난하는 데도 시간을 낭비하지 마라. 그들이 기업이라는 조직을 만들었기 때문에 당신은 기회를 얻을 수 있었다. 그들이 있었기에 당신은 모든 것을 손에 넣을 수 있었던 것이다. 또한 부패한 정치가를 비난하는 데도 시간을 허비하지 마라. 그들이 없었다면 세상은 무정부 상태가 되어 그만큼 당신의 기회도 줄어들었을 것이기 때문이다.

신은 오랜 시간 동안 강한 인내심을 가지고 현재

의 산업과 정치를 선물했다. 그리고 신은 앞으로도 끊임없이 창조적인 일을 해나갈 것이다. 만약 부패한 정치인이나 기업인이 없어도 된다면 그들은 존재하지 않았을 것이다. 하지만 그들은 그들의 몫을 하고 있다. 어쩌면 부가 우리에게로 오는 통로를 정비하고 있는지도 모른다. 그러므로 그들에게도 감사하라. 그러면 모든 것과 조화로운 관계를 유지할 수 있게 되고, 모든 것 중에서 가장 좋은 것이 당신을 향해 다가올 것이다.

사회가 발전하여 지금과 같은 경제 시스템이 구축되기까지 신은 큰 인내를 갖고 오랫동안 애써왔으며, 앞으로도 자신의 목적과 의지대로 세상을 만들기 위해 노력할 것이다. 이 세상에 비즈니스

거물과 재벌이 진정으로 불필요해지면 신은 분명
히 그들을 없앨 것이다. 반대로 당신이 부를 얻기
위해 필요한 과정과 환경이 만들어지는 데에 그들
이 기여했다는 사실을 기억하라. 그리고 그들에게
감사한 마음을 가져라. 이로써 당신은 모든 좋은
것들과 조화로운 관계를 맺을 수 있고, 그러면 자
연스럽게 그 좋은 것들이 당신을 찾아올 것이다.

감사를 통해 인간은 부자가 된다.

디트리히 본훼퍼

9
'의지의 힘'을 바르게 사용하라

오직 자신에게만 의지의 힘을 사용하라
물질은 언제나 당신의 편이다

과학적인 방법으로 부자가 되고자 할 때는 당신 자신이 아닌 타인의 의지력을 이용해서는 안 된다. 당신에게는 그럴 권리가 없다. 자신의 의지를 강압적으로 타인에게 관철시켜 타인으로 하여금 당신이 원하는 대로 행동하도록 만드는 것은 옳지 않다. 정신적인 힘으로 다른 사람을 구속하는 것은 물리적인 압력으로 무엇인가를 강요하는 것과 마찬가지로 부당한 것이다. 강압적인 방법을 동원해 상대로 하여금 당신을 위해 일하게 만드는 것은 그 사람을 노예로 전락시키는 것이나 다름없다. 이는 정신적인 힘을 이용할 때도 똑같이 적용된다. 단지 방법만 다를 뿐이다. 물리적인 힘을 사용해 타인에게서 물건을 빼앗는 것은 강탈 행위이며, 정신적인 힘을 사용해 빼앗는 것 역시 강탈 행위다. 근본적인 면에서 전혀 다를 바가 없다. 다만 원리가 다를 뿐이다. 당신에게는 타인을 마음대로 부릴 권리가 없다.

설령 당신이 '타인을 위해서'라고 할지라도 그에게 당신의 의지를 사용해서는 안 된다. 그 사람을 위한 일이었다고 단정지을 수 없기 때문이다. 부자가 되는 방법을 말할 때 어떤 방법이든 간에 다른 사람에게 압력을 가하거나 억지로 강요하라고 가르치지는 않는다. 그럴 필요가 전혀 없기 때문이다. 그럼에도 불구하고 당신의 의지를 다른 사람에게 사용하려 한다면 목적의식을 좌절시킬 뿐이다. 그 결과 당신이 하고자 하는 일은 모두 물거품이 되고 말 것이다.

마찬가지로 어떤 사물에 의지를 관철시켜 우리에게 오게 할 필요도 없다. 그것은 단순히 신을 조종하고자 하는 것으로, 불경스럽고 무의미한 짓이다. 좋은 것을 달라며 신에게 매달릴 필요도 없다. 그것은 마치 태양을 떠오르게 하기 위해 기운

을 허비할 필요가 없는 것과 마찬가지 이치다. 자
신이 바라는 것을 들어주지 않는 신에게 의지의 힘
으로 자신의 뜻을 관철시키려 하거나, 강하게 반항
하는 상대를 굴복시키려 하는 것도 시간 낭비다.
태초의 존재는 본디부터 우리에게 다정하며 우리
가 원하는 것을 줄 수 있기를 우리보다 더 바라고
있기 때문이다. 근본 물질은 언제나 당신 편이다.

부자가 되기 위해서는 오직 자신에게만 의지의
힘을 사용해야 한다. 무엇을 생각하고 무엇을 실
천해야 하는지 알고 있다면, 의지력으로 자기 자
신을 제어하고 그것을 실행하라. 그렇게 할 때 당
신이 원하는 것을 얻을 수 있다. 우리가 올바른
길로 가도록 다잡아주는 것이 의지다. 의지의 힘

을 사용해 '특별한 방식'으로 생각하고 행동하라.

자신의 의지와 생각, 그리고 마음을 표출해서 다른 사물이나 사람에게 영향을 끼치려 해서도 안 된다. 그저 자신에게만 집중하면 된다. 마음을 오롯이 자신에게만 집중하면 당신 자신의 의지는 그 힘을 발휘할 수 있다. 지혜를 발휘해 원하는 이미지를 마음속에 그리고, 신념과 목적의식을 가지고 그 이미지를 유지하며, '올바른 방법'으로 지혜가 활동할 수 있도록 의지를 발동시켜라.

신념과 목적의식을 지속적으로 강하게 유지하는 것이야말로 부자가 되는 지름길이다. 그렇게 되면 적극적인 바람만 전달되기 때문에 부정적인 요인이 근본 물질에 전해져 이미지가 애매해지거나 힘이 약해지는 일은 결코 없을 것이다. 신념과 목적의식이 당신이 소망하는 이미지를 지탱하는 힘이 되어준다면, 무형의 존재가 그 이미지를 받아들여서 온 우주로 스며들어 퍼지게 만들어준다.

이미지가 전달됨에 따라 만물이 그것을 구현시키기 위해 움직이기 시작한다. 살아 있는 모든 것과 모든 무생물은 물론 아직 창조되지 않은 것들까지 하나로 뭉쳐서 당신이 원하는 것을 만들어내기 위해 움직인다. 모든 힘이 그 방향으로 움직이기 시작하고, 모든 사물도 당신을 향해 움직이기 시작한다. 사람들의 마음이 모든 곳에서 당신의 소망을 실현시키기 위해 작용함으로써 무의식 속에서 당신에게 도움을 주게 된다. 이것은 모두 진실이다.

하지만 당신이 무형의 존재에 부정적인 자극을 주면 이 모든 움직임은 멈추고 만다. 신념과 목적의식이 모든 사물의 움직임을 당신에게로 향하게 하던 것과는 반대로, 의혹과 불신은 그 움직임을 당신으로부터 멀어지게 한다. 대부분의 사람들이 부자가 되는 데 실패하는 이유가 바로 이 점을 제대로 이해하지 못했기 때문이다. 의심하고 두려워하며 시간을 보내면, 그 일분일초 때문에 당신에게 향하던 우주의 흐름은 당신에게서 멀어져간다.

미래의 모든 전망은 믿는 자들을 위한 것이며, 오로지 그들만을 향하게 된다. 예수가 믿음을 반복적으로 강조했다는 사실을 떠올려보라. 믿음은 그 무엇보다 중요하다. 때문에 우리는 우리의 생각을 지키고 보호해야 한다. 그러므로 당신은 자신의 생각을 굳건히 지키도록 하라. 그리고 당신이 보고 생각하는 것들에 의해 영향을 받는 믿음을 지키기 위해서는 당신이 관심을 두는 대상에도 주의를 기울여야 한다. 그러기 위해서는 의지의 힘을 활용해야 한다. 무엇에 주의를 기울여야 할지를 결정하는 것은 다름 아닌 당신 자신의 의지력이다.

부자가 되고 싶다면 가난에 대해 깊이 고민할 필요가 없다. 원하는 것과 반대되는 것을 생각하면 소망은 실현되지 않기 때문이다. 질병에 대해 자꾸 생각하면서 걱정한다면 절대 건강해질 수 없다. 죄악에 대해 생각하는 것은 정의에 아무런 도움도 되지 못한다. 그와 마찬가지로 가난에 대해 생각하는 사람은 절대로 부자가 될 수 없다는 것을 반드시 기억해야 한다.

과학의 발전으로 질병을 연구한 결과 만들어진 약 때문에 병은 더 증가했으며, 범죄에 대한 이해를 높이려다 종교는 죄를 늘리고 말았다. 가난을 연구하기 위해 만들어진 경제학 때문에 온 세상은 가난한 사람과 욕망으로 가득 차게 되었다. 때문에 가난에 대해서는 이야기하지도, 연구하지도, 자신과 연결시키지도 말아야 한다. 어떤 이유로 가난해지는지 신경 쓰지 마라. 당신과는 상관없는 일이기 때문이다. 당신이 관심을 기울일 대상은 그것을 구제할 방법이어야 한다.

자선 활동을 하느라 시간을 낭비하지 마라. 자
선 활동은 가난을 근절시키는 것이 아니라 오히려
영속시킬 뿐이다. 냉혹하고 동정심 없는 사람이 되
거나, 곤란을 당한 사람의 외침을 외면하라는 말은
아니다. 지금까지의 방식이 아닌, 그저 우리가 잘
할 수 있는 방식으로 가난을 물리치기 위해 최선을
다하면 된다. 가난은 뒤로 밀어버리고 가난과 관련
된 모든 것을 뒤로 미뤄두고 '좋은 일'만 생각하라.

가난이나 그와 관련된 모든 요소를 잊고 부자가
되는 데 집중하자. 그것이 가난한 사람들을 돕는
가장 좋은 방법이다. 자신의 마음속을 가난의 이

미지로 채운다고 그들을 도울 수 있는 건 아니다. 그들을 도우려면 그들의 마음속에 부유함의 이미지를 채워주어야 한다. 당신의 마음속에 가난의 이미지를 그리지 않는다고 그들을 비참함 속에 내팽개친 건 아니다. 가난을 물리치려면 가난에 대해 생각하는 사람의 수를 늘릴 것이 아니라 가난한 사람들에게 부자가 되겠다는 신념과 목적의식을 심어주어야 한다. 즉 가난한 사람들에게 풍요로운 생활의 이미지를 품도록 만드는 것이 더 중요하다는 의미다.

가난한 사람들이라고 해서 무턱대고 자선을 바라지는 않는다. 그들에게 필요한 것은 바로 '격려'다. 자선 활동은 그들이 비참함 속에서나마 살아갈 수 있도록 빵을 주는 것에 불과하다. 혹은 한 두 시간 동안 자신의 비참한 처지를 잊어버릴 수 있게 즐거움을 제공하는 것에 불과하다. 그러나 '격려'는 사람들을 고통스런 생활에서 탈출할 수 있게 해준다. 가난한 사람을 돕고 싶다면, 먼저 당신이 부자가 되어서 그들도 부자가 될 수 있다는 것을 증명하라.

부자가 되라! 이것이 가난한 사람을 도울 수 있는 최고의 방법이다. 이 세상에서 가난을 없애는 방법은 이 책의 내용을 실천하는 사람의 수를 계속 늘려가는 것이다. 또한 사람들에게 경쟁이 아니라 '창조력'을 발휘하게 함으로써 부자가 될 수 있다는 것을 일깨워줘야 한다. 경쟁에서 이겨 부자가 된 사람들은 뒤에 따라오는 사람을 사다리 아래로 밀어내야 한다. 하지만 '창조력'을 발휘해 부자가 된 사람은 수천 명이 그 뒤를 따라올 수 있게 길을 만들고, 그들 역시 그렇게 하도록 응원해준다.

가난한 사람을 동정하지 않고, 가난을 목격하거나 생각하지 않고, 가난에 대한 책을 읽지 않거나 가난에 대해 말하지 않고, 그들의 이야기에 귀를 기울이지 않는다고 냉혹하다거나 무정한 건 아니다. 그러므로 의지의 힘을 사용해 머릿속에서 가난을 완전히 지워버려라. 그리고 신념과 목적의식을 가지고 당신이 원하는 이미지에 집중하라. 그럴 때 근본 물질의 도움을 받을 수 있다.

그대의 길을 가라.
남들이 무엇이라 하든 내버려두어라.

단테 알리기에리

10
'의지의 힘'을 보다 잘 사용하는 방법

모든 관심과 시간을 부에 집중하라
그리고 창조력을 발휘할 때 부자가 될 수 있다

이제 당신은 풍요로운 생활, 즉 부자로서의 삶에 대한 분명한 이미지를 그릴 수 있을 것이다. 그렇다면 현실적으로나 상상 속에서라도 그와 반대되는 것에 주의를 기울여서는 안 된다. 당신이 그린 이미지가 아닌 다른 이미지에 정신을 빼앗기면 부의 비전을 계속 유지할 수 없기 때문이다.

경제적으로 어려웠던 지난날은 잊어라. 과거에 대해 생각하거나 말할 필요는 없다. 부모의 가난이나 힘들었던 젊은 시절도 잊어라. 과거로부터 헤어나지 못한 채 어려웠던 시절을 이야기하고 생각하는 동안 당신은 자신을 가난하다고 여기게 될 것이다. 그렇게 되면 이제 겨우 당신을 향해 꿈틀대기 시작한 에너지의 흐름을 멈추게 하는 것이다. 예수의 말처럼 "죽은 자들로 자기의 죽은 자들을 장사하게 하라"(누가복음 9장 60절). 가난과 관련된 모든 것을 버려라.

지금까지 당신은 이 책을 통해 우주에 관한 특정 이론이 올바르다는 사실을 배웠다. 이제 당신의 행복과 소망이 실현될지는 그 이론을 믿고 올바르게 실천하느냐에 달려 있다. 그러니 그와 상반되는 생각이나 이론에 주의를 기울여서 얻을 것이 무엇이겠는가? 세상의 종말이 가까이 왔다는 종교 서적은 읽지 마라. 또한 세상이 악으로 치달아 악마의 손아귀에 들어가고 있다는 삼류 작가나 염세주의자의 책도 치워버려라. 그들의 주장은 온 세상을 악마가 지배할 것이라는 이야기뿐이다. 그러나 세상은 악마가 아닌 신을 향해 나아가고 있음을 알아야 한다. 세상은 아직도 희망적인 '생성 과정'에 있다.

물론 현실적으로 마음에 들지 않는 부분도 있을 것이다. 그렇지만 그것들은 모두 지나가고 사라져버릴 것들이다. 그러나 우리가 그런 것들을 연구하고 매달린다면 그것들은 우리 곁에 계속 머무를 것이다. 마음만 먹으면 진화를 촉진시켜 빠른 시간 내에 사라지게 할 수 있는 것들에 대해 시간과 관심을 쏟을 이유는 없다. 오히려 그런 것들이 빨리 사라지도록 진화와 발전의 에너지를 북돋우어야 한다.

어느 나라의 특정 지역이나 장소에서 끔찍한 일이 벌어졌다고 가정해보자. 그 상황에 대해 걱정하느라 우리의 시간과 기회를 놓쳐서는 안 된다. 대신에 앞으로 세계가 취하게 될 풍요를 생각하고 그것에 집중하라. 세상에서 벌어지고 있는 가난 대신에 세상을 향하고 있는 풍요를 생각하라. 세상이 풍요로워지기 위한 출발점은 창조적인 방법을 통해 당신 자신이 먼저 부유해지는 것이다. 결코 경쟁을 선택하지 마라. 창조력을 발휘할 때 당신은 부자가 될 수 있다. 이 점을 가슴속 깊이 새겨두기 바란다.

그러므로 우리는 모든 관심을 부에 집중해야 한다. 가난한 사람들에 대해 이야기할 때는 그들을 동정하기보다 곧 부자가 될 사람들이라고 생각하라. 그리고 그들을 축복하고 격려하라. 그럴 때 그들도 격려를 받아들여 가난에서 탈출하는 방법을 찾기 시작할 것이다.

모든 관심과 시간을 부에 집중하라는 것은 욕심을 부리거나 비열한 방법을 동원해 누군가를 짓밟

으라는 이야기는 아니다. 진정한 부자가 되는 것은 우리가 살아가면서 가질 수 있는 가장 고귀한 목표다. 그리고 이 목표는 다른 모든 것을 포함한다. 목표를 이루기 위해 경쟁을 선택한다면 타인에 대한 지배권을 둘러싼 쟁탈전을 벌이게 될 것이다. 그 쟁탈전에는 신이라는 존재는 없고 오직 투쟁이 있을 뿐이다. 하지만 경쟁에서 벗어나 창조적인 마음을 갖는다면 상황은 순식간에 바뀔 것이다.

모든 위대함과 영적 발전, 고귀한 봉사는 부를 통해서만 가능해진다. 그러한 것들은 물질을 이용해야만 이룰 수 있기 때문이다. 만일 육체적으로 건강하지 못한 사람이라도 먼저 부를 얻는다면 건강해질 수 있는 길이 열릴 것이다. 돈에 대한 걱정에서 해방된 사람만이 걱정 없이 편하게 살 수 있고, 위생 관리를 통해 건강을 유지할 수 있기 때문이다.

가정의 행복을 바란다면 교양과 높은 식견, 그리고 부정적인 힘의 영향을 받지 않는 환경으로 채워야 한다. 이것들은 모두 갈등과 경쟁이 없는 곳에서 창조적인 사고를 통해 부자가 된 결과로서 얻어진다. 그러므로 살아남기 위해 경쟁하는 사람은 도덕적인 고귀함이나 정신적인 위대함을 기대하기 어렵다. 오직 창조적인 생각을 통해 부자가 된 사람만이 경쟁으로 인해 생기는 타락에서 벗어날 수 있다.

다시 한 번 강조하지만, 부자가 되는 것만큼 숭고하고 고귀한 목표는 없다. 그리고 당신의 모든 관심을 마음속에 그린 이미지에 집중하면 결코 당신의 목표가 흔들리는 일은 없을 것이다. 그러기 위해서는 만물의 이면에 숨겨진 '진실'을 볼 수 있어야 한다. 눈에 보이는 모든 악한 것의 이면에는 '위대한 단 하나의 생명'이 스스로의 발견과 한 단계 더 발전된 행복을 성취시키기 위해 끊임없이 움직이고 있다. "가난은 존재하지 않는다. 오직 풍요만 존재할 뿐이다." 이것은 의심할 수 없는 명백한 진실이다.

가난에서 벗어나는 방법이 있다는 건 알지만 게으르고 나태해 노력하지 않는 사람들이 있다. 그

들을 돕는 가장 좋은 방법은 올바른 방법으로 부
자가 되었을 때 누리게 될 행복에 대해 알려주어
그들 스스로 소망을 갖게 하는 것이다. 그럼으로
써 그들의 욕구를 자극시켜 스스로의 노력으로 가
난에서 벗어나게 하는 것이다.

또한 과학적 개념을 알고 있지만 초자연적 이론
이나 마술적 방법에 빠져 갈팡질팡하며 이런저런
방법을 시도하다 결국에는 실패하는 사람들도 있
다. 그들이 실패하는 이유는 아주 분명하다. 너무
많은 이론을 적용하기 때문이다. 그런 사람들에게
는 우리가 실천을 통해 그 길을 직접 보여주는 것
이 최선이다. 수십 가지 이론을 가르쳐주는 것보
다 직접 한번 해보도록 하는 것이 더욱 효과적이

다. 이론보다는 실천이 중요하다는 점을 실례를 통해 보여주어야 한다.

당신은 당신이 세상에 공헌할 수 있는 방법이 무엇이라고 생각하는가? 세상에 공헌할 수 있는 최고의 방법은 당신 자신을 최고로 만드는 것이다. 신을 섬기고 사람들에게 봉사하기 위한 가장 효과적인 방법은 당신 자신이 부자가 되는 것이다. 물론 경쟁이 아닌 창조적인 방법을 실천함으로써 부자가 되어야 한다.

또 하나의 다른 방법이 있다면, 바로 이 책에서 제시하는 방법을 실천하는 것이다. 그러니 이 책의 내용이 진실인 이상 부자가 되기 위해 다른 책을 읽을 필요는 없다. 편협한 억지 주장으로 들릴지 모르지만 잘 생각해보기 바란다. 수학에서 계산을 위해 사용하는 방법은 더하기, 빼기, 곱하기, 나누기뿐이다. 다른 방법은 존재하지 않는다. 그리고 두 점을 연결하는 최단 거리는 직선 하나밖에 없다. 그러므로 과학적으로 생각할 수 있는 방법도 하나뿐이며, 그것은 목표에 도달할 수 있는 가장 쉬운 지름길을 가는 것이다. 다시 말해 목적지까지 죽 뻗은 지름길을 따라 생각하고 행동하는 것과 마찬가지라는 이야기다.

이 책을 통해 내가 제시하는 방법보다 더 간단명료한 방법을 제시한 사람은 아무도 없다. 여기서 제시하는 방법은 불필요한 것은 모두 지워버린

'본질' 그 자체다. 그러므로 이보다 더 간결하고 쉬운 것은 없다. 만약 당신이 이 방법을 실천하기로 마음먹었다면 다른 방법은 모두 머릿속에서 지워버려라. 오직 이 방법에만 집중하라.

어딜 가든 손에서 이 책을 떼지 마라. 매일 읽고 또 읽어 각인시켜라. 다른 방법이나 이론에는 눈길을 돌리지 마라. 한눈을 팔면 의심의 싹이 돋아 불안해질 것이며, 급기야 생각이 흔들려 결국은 실패를 맛보게 될 것이다. 부자가 된 후에는 다른 방법에 대해 마음껏 공부해도 좋다. 그러나 바라던 것을 이루었다는 확신이 들 때까지는 이 책만 읽어야 한다. 단, 예외가 있다면 「프롤로그」에 소개한 사상가들의 책은 읽어도 좋다.

신문을 읽을 때에도 긍정적인 기사만 읽도록 하라. 당신이 마음속에 그린 이미지는 비관적인 기사와는 어울리지 않는다. 또한 초자연적인 존재와 법칙을 연구하고 싶다면 일단 뒤로 미뤄라. 장난이라도 견신론(見神論, theosophy)이나 교령술(交靈術, spiritualism)과 같은 것에는 절대 관심을 두어서는 안 된다. 죽은 사람은 내버려두고 우리가 할 일만 신경쓰면 된다.

죽은 이의 영혼이 어디에 있든 죽은 자에게는 그들이 해야 할 일과 해결해야 할 문제가 따로 있다. 우리에게는 그들을 간섭할 권리가 없다. 우리가 그들을 도울 수도 없고, 그들이 우리를 도울 수 있을 것 같지도 않다. 우리에게는 죽은 자들에게

만 허락된 시간 속에 끼어들 권한이 없다. 그러니 죽은 사람의 문제는 그들에게 맡겨두고 당신은 당신 문제, 즉 부자가 되는 문제부터 해결하라. 만일 그 과정에서 초자연적인 신비주의에 빠진다면 당신을 향해 희망을 가져오던 배가 역류에 휩쓸려 난파되어 바닷속에 잠기고 말 것이다. 이제 이쯤에서 지금까지 설명한 핵심 원칙들을 정리하면 다음과 같다.

- 만물의 근원은 '생각하는 물질'이다. '생각하는 물질'이란 원시 상태에서 우주 공간 구석구석까지 퍼져 우주 공간을 가득 채우고 있다.
- '생각하는 물질' 속에 있는 생각은 머릿속

에 연상했던 모습 그대로의 것을 형상화시
켜 창조해낸다.

- 인간은 자신의 생각을 통해 형태를 연상할
수 있으며, 그 생각으로 '생각하는 물질',
즉 '원시 물질'에 자극을 줌으로써 자신이
생각하는 것을 창조해낼 수 있다.

- 이를 위해서는 경쟁심을 버리고 창조의
마음을 가져야 한다. 그러고 나서 자신이
원하는 이미지를 마음속에 명확하게 그리
고, 원하는 것을 얻을 때까지 흔들림 없는
목적의식과 동요하지 않는 신념으로 이 이
미지에 집중해야 한다. 목적의식이나 이미
지를 흐트러뜨려 신념을 꺾어버릴 수 있는
것들에는 아예 관심을 두지 마라.

그럼 다음 장부터는 위의 내용에 덧붙여 '특별한 방식'에 따라 생각하고 실천하는 방법들에 대해 설명하겠다.

창의성 없는 절약은 결핍이다.

에이미 다사이크진

11

'특별한 방식'으로 행동하라

생각은 반드시 행동과 조화를 이뤄야 한다
행동을 통해 환경을 바꿔라

생각은 창조의 힘이자 창조적인 힘을 작동하게 만드는 원동력이다. 때문에 '특별한 방식'으로 생각하면 부자가 될 수 있다. 하지만 생각에만 의지한 채 행동하지 않는다면 아무것도 이룰 수 없다. 많은 과학적 철학자들이 좌절하는 이유는 생각과 행동을 연결시키지 못하기 때문이다.

우리는 아직 어떤 성과를 이룰 수 있는 단계에 이르지 못했다. 현재 시점에서 자연의 힘이나 남의 도움을 받지 않고 무형의 존재로부터 직접 창조할 수는 없다. 생각이 창조적인 힘의 원동력이지만 행동이 생각을 뒷받침해주지 않는 한 창조는 불가능하다. 생각하는 것만으로는 산속 깊이 묻혀 있는 금을 당신에게 올 수 있도록 자극을 줄 수 있다. 하지만 그 금이 스스로 채굴되고 제련을 거쳐 금화가 되어 당신의 주머니로 들어오게 할 수는 없다.

누군가가 당신을 위해 금을 캐고, 또 다른 누군가는 그것을 사들이고, 당신의 품에 금이 안길 수 있도록 움직이는 것은 신이 만든 질서에 의해 가능한 것이다. 당신이 할 일은 그 금이 당신을 찾아왔을 때를 대비해 그것을 받을 준비를 하는 것이다.

우리의 생각은 살아 있는 것이든 무생물이든 모든 것을 만들고, 우리가 원하는 것을 가질 수 있도록 움직여준다. 하지만 그것을 확실하게 받아들이기 위해서는 우리 스스로 행동함으로써 가능하다. 그것을 거저 받아서도 안 되고, 훔쳐서도 안 된다. 그리고 다른 사람으로부터 무엇인가를 받았다면 그가 준 현금 가치보다 더 많은 사용가치를 주어야 한다.

당신의 생각을 과학적으로 활용하려면 다음의 세 가지를 실천해야 한다. 첫째, 당신이 원하는 것을 명확하게 이미지로 그려야 하고 둘째, 당신이 원하는 것을 얻을 수 있도록 목적의식을 잃지 않아야 하며 셋째, 당신이 원하는 것을 틀림없이 얻게 되리라는 신념을 가지고 그것을 실현시켜야 한다. 당신의 생각이 저절로 근본 물질에 전달되기를 바라며 신비주의적인 방법에 의존해서는 안 된다. 그것은 헛수고에 불과하며, 오히려 생각하는 힘을 약화시켜 당신의 생각이 근본 물질에 전달되는 것을 방해하기 때문이다.

부자가 되는 과정에서 '생각'이 어떻게 작용하는지는 앞 장에서 충분히 설명했다. 무형의 존재인 근본 물질은 이미 우리가 더욱 풍요로운 삶을 영위하길 소망하고 있다. 때문에 당신은 신념과 목적의식을 통해 무형의 존재에 자극을 주고 비전을 전하기만 하면 된다. 그럴 때 규칙적인 채널을 통해 창조적인 힘이 움직이게 되고, 그것은 당신을 향하게 된다.

창조의 과정을 감독하고 관리하는 것은 당신의 몫이 아니다. 당신이 할 일은 당신이 그린 이미지, 즉 비전을 붙들고 목적의식을 유지하며 신념과 감사하는 마음을 지키는 것이다. 다만 주어진 것을 확실히 받아들이고 이미지로 연상했던 모든 것을 얻거나 그에 걸맞은 장소에 두기 위해서는 '특별한 방식'으로 행동해야 한다.

현실적으로 무엇인가 당신의 손에 주어졌을 때

는 분명 그것을 가져다주는 이가 있을 것이므로 반
드시 그 대가를 치러야 한다. 즉 다른 사람에게 그
사람의 몫을 줘야 당신의 것을 가질 수 있다는 의
미다. 이 책이 아무런 노력도 없이 황금으로 가득
한 '행운의 여신의 보따리'를 당신에게 전달해주지
는 않는다. '생각은 반드시 행동과 조화를 이루어
야 한다'는 것이야말로 부자가 되기 위한 방법 중
가장 중요한 점이다.

　의식적으로든 무의식적으로든 강력한 자신의 소
망을 통해 창조적인 힘을 발휘하는 사람은 많다.
그럼에도 불구하고 그들이 가난한 이유는 단 한
가지다. 원하는 것이 왔을 때 그것을 받아들일 준
비가 되어 있지 않기 때문이다. 생각을 통해 원하

는 것을 얻을 수 있다. 하지만 스스로 행동하지 않는다면 그것을 받아들일 수 없다. 이 사실을 반드시 기억하라.

당신이 무슨 생각을 했든 행동해야 하는 시점은 바로 '지금'이다. 지나간 과거로 돌아가 행동할 수는 없다. 당신이 그린 이미지를 확실하게 유지하려면 과거를 지워야 한다. 물론 아직 도래하지 않은 미래의 입장에서 행동하는 것도 불가능하다. 어떤 일이 실제로 벌어지기 전에는 어떤 식으로 행동해야 하는지 알 수 없기 때문이다.

현재의 직업과 환경이 불만족스러운가? 그렇더라도 당신이 원하는 직업과 환경이 갖춰질 때까지 행동을 미뤄서는 안 된다. 미래에 급한 상황이 벌어지면 어떻게 하는 것이 최선인가를 고민하느라 현재의 시간을 낭비하지 마라. 만약 미래에 대한 일만 생각하며 행동하고 있다면 현재의 행동은 마음의 갈등을 일으켜 효과를 볼 수 없게 된다. 그러니 현재 하는 일에 온 마음을 쏟아라.

무엇인가 만들고 싶다는 충동을 근본 물질에 전달했다고 해서 아무런 행동도 하지 않은 채 결과만 기다린다면 아무것도 얻을 수 없다. 즉시 행동하라. 지금이라는 시간 외에는 어떠한 시간도 존재하지 않으며, 이 순간을 놓치면 어떤 기회도 찾아오지 않을 것이라는 점을 한 순간도 잊어서는 안 된다. 바라는 것을 얻기 위해서는 당장 행동으로 옮겨야 한다.

물론 당신이 지금 어떤 일을 하고 있든지 현재
하고 있는 일과 직장에서 행동할 수밖에 없다. 또
한 현재 주위에 있는 사람과 상황에 맞춰 행동해
야 한다. 당신이 있지 않은 곳에서 행동할 수는 없
으며, 예전에 가본 곳이나 앞으로 가게 될 곳에서
행동할 수도 없다. 현재 당신이 처한 입장과 환경
에서만 행동할 수 있는 것이다.

어제 했던 일에 대해 고민하지 마라. 오늘 해야
할 일에만 집중하라. 이와 마찬가지로 내일 할 일
을 오늘 하려고 애쓰지도 마라. 내일이 되면 그 일
을 하기에 충분한 시간이 주어지기 때문이다. 또

한 조급한 마음에 신비주의적인 수단을 사용해 당신의 손이 닿지 않는 사람 또는 상황에 개입해서도 안 된다.

환경이 바뀔 때를 기다리다 적당한 상황에 행동하려고 해서도 안 된다. 당신의 행동을 통해 환경을 바꿔라. 현재의 환경에서 먼저 행동함으로써 보다 나은 환경을 만들 수 있도록 하라. 신념과 목적의식을 가지고 더 나은 환경에 서 있는 당신을 연상하라. 그리고 온 힘을 다해 현재의 환경에서 행동하며 그 환경을 바꿔야 한다.

헛된 망상이나 공상에 빠져 시간을 허비해서는 안 된다. 원하는 것에 대한 확실한 비전을 가지고 지금 행동하라! 부자가 되기 위한 첫걸음으로 지금까지 하지 않았던 일이나 엉뚱한 행동, 신비롭고 특이한 무언가를 찾아 헤매지 마라. 적어도 당분간은 당신에게 어떠한 변화도 일어나지 않을 것이다. 하지만 '특별한 방식'에 따라 생각하고 다음과 같은 일을 행동으로 옮기면 당신은 반드시 부자가 될 것이다.

혹시라도 지금 하고 있는 일이 당신과 맞지 않는다고 생각한다면, 다른 일을 찾을 때까지 기다리지 말고 당장 행동하라. 자신에게 맞지 않는 직장에 다닌다고 처져 있거나 의욕을 잃고 멍하니 먼 산만 바라보며 슬퍼하지 마라. 희망했던 곳과는 다른 직장에 다닌다고 당신이 원하는 직장을 찾을 수 없는 것은 아니다. 자신의 적성에 맞지 않는 일을 하고 있다고 자신에게 어울리는 일을 찾을 수 없는 것도 아니다. 당신이 처한 환경은 당신의 의지에 따라 얼마든지 바꿀 수 있다.

당신 자신에게 맞는 일을 찾겠다는 목적의식과 반드시 이루어질 것이라는 신념을 가지고 지금 바로 행동하라. 현재의 일을 발판으로 삼아 더 나은 일을 구하고, 현재의 환경을 도구로 삼아 더 나은 환경으로 나아가야 한다. 원하는 일에 대한 목적의식과 신념을 갖는다면 원하는 일이 당신을 향하도록 신이 움직일 것이다. 그리고 당신이 '특별한 방식'에 따라 행동한다면 원하는 일에 한 걸음씩 다가갈 수 있을 것이다.

만약 공무원이나 공장 노동자인 당신이 소망을 실현시키기 위한 전환점이 필요하다고 여긴다면, 당신의 생각을 허공에 투영시키면서 그 소망이 이루어지기를 기대해서는 안 된다. 그렇게 한다면 틀림없이 실패를 경험하게 될 것이다.

　당신이 원하는 일에 대한 목적의식과 신념을 가지고 현재의 직장에서 행동한다면 반드시 바라던 일을 할 수 있게 될 것이다. 창조적인 힘의 움직임이 당신을 향하게 만드는 것은 당신의 비전과 신념이다. 그리고 당신 자신의 행동으로 인해 창조의 힘이 작용하면 원하는 바를 이룰 수 있다. 다시 한 번 강조하지만, '특별한 방식'에 따라 즉시 행동하라.

이 장을 끝내기 전에 핵심 원칙들을 정리하며 한 가지를 덧붙이고자 한다.

- 만물의 근원은 '생각하는 물질'이다. '생각하는 물질'이란 원시 상태에서 우주 공간 구석구석까지 퍼져 우주 공간을 가득 채우고 있다.
- '생각하는 물질' 속에 있는 생각은 머릿속에 연상했던 모습 그대로의 것을 형상화시켜 창조해낸다.
- 인간은 자신의 생각을 통해 형태를 연상할 수 있으며, 그 생각으로 '생각하는 물질', 즉 '원시 물질'에 자극을 줌으로써 자신이 생각하는 것을 창조해낼 수 있다.

- 이를 위해서는 경쟁심을 버리고 창조의 마음을 가져야 한다. 그러고 나서 자신이 원하는 이미지를 마음속에 명확하게 그리고, 원하는 것을 얻을 때까지 흔들림 없는 목적의식과 동요하지 않는 신념으로 이 이미지에 집중해야 한다. 목적의식이나 이미지를 흐트러뜨려 신념을 꺾어버릴 수 있는 것들에는 아예 관심을 두지 마라.

- 원하는 것이 왔을 때 그것을 확실히 받아들이기 위해서는 현재의 환경과 주위의 사람들, 그리고 사물을 통해 당장 행동해야 한다.

강에서 물고기를 보고 탐내는 것보다
돌아가서 그물을 짜는 것이 옳다.

『한서漢書』「예악지禮樂志」

12
효율적으로 행동하라

성공한 하루를 만들어라
효율적 행동은 그 자체로 성공이다

지금까지 설명한 내용을 마음속에 잘 새기고 생각을 작동시켜야 한다. 그리고 현재의 위치에서 할 수 있는 일부터 시작하라. 지금 있는 곳에서 할 수 있는 모든 일을 해야 한다.

지금 하고 있는 일에 만족할 수 없을 때 당신은

비로소 전진할 수 있다. 여기서 만족하지 못한다는 것은 그 일에 관련된 업무를 완벽하게 처리할 수 있게 되었음을 의미한다. 그렇지 않고서는 결코 현재의 위치에서 조금의 발전도 기대할 수 없다.

세상은 현재 하고 있는 일에 만족하지 못하는 사람들에 의해 발전하고 있다. 즉 이 세상이 발전하는 원동력은 자신의 위치보다 더 크게 채워가는 사람들에게서 나온다. 만일 이 세상에 자기 지위보다 더 많은 것을 채우는 사람들이 없다면 모든 것은 현재 상태에 머무르는 것이 아니라 오히려 퇴보하고 만다.

자신의 현재 위치를 채우지 못하는 사람들은 사

회적으로나 정치적으로, 상업적으로나 산업적인 면에서도 아무런 가치를 창출해내지 못한다. 그런 만큼 이들과 함께 움직이려면 막대한 비용을 지불해야 한다. 현재 우리의 발전이 더딘 것도 이들 때문이다.

이들은 이전의 세계에, 더 낮은 단계에 속해 있는 사람들이다. 그러므로 이들은 언제나 퇴보하는 쪽을 선택한다. 자신의 지위보다 더 적은 일을 하는 사람들만 있다면 사회는 발전할 수 없다. 사회는 물질적·정신적 진화의 법칙에 따라 발전하기 때문이다.

동물의 세계에서 진화는 넘쳐나는 생명력에 기

인한다. 특정 생물이 본래 기능에는 없던 특수한 생명력을 발휘하면 보다 발달된 기관이나 기능을 만들어낼 것이고, 그 결과 새로운 종이 탄생한다. 다시 말해 현재의 자신을 채울 수 있는 것보다 더 많은 생명을 채운 유기체가 단 하나도 존재하지 않았다면, 새로운 종은 결코 탄생하지 못했을 것이다. 이 법칙은 인간에게도 똑같이 적용된다. 단, 동물과 달리 신체적 기능이 아닌 사회 발전 측면에서 말이다. 그러므로 우리가 부자가 되느냐 마느냐는 이 법칙을 어떻게 잘 적용하느냐에 달려 있다.

당신은 현재의 자리에서 더 나은 사람이 되어야만 발전을 이룰 수 있다. 지금 하는 일도 제대로 수행하지 못하면서 성장하고 발전할 수 있는 사람은 없다. 현재의 자리를 채우는 데서 그치는 것이 아니라 그 이상의 행동을 하는 사람들 덕분에 세상이 발전하는 것이다. 만일 모든 사람이 자기 자리에 충실하지 못한다면, 틀림없이 세상 모든 것은 퇴보하고 후퇴할 것이다. 자신의 역할을 제대로 해내지 못하는 사람은 사회와 나라와 산업계에 무거운 짐이 될 뿐이다. 즉 다른 사람들이 수고와 희생을 감내하며 그들을 끌고 가야 한다. 자기 역할과 자리에 소홀한 사람은 세상의 발전을 방해한다. 그들은 현재가 아니라 과거에 얽매여 있고, 삶의 낮은 단계에서 벗어나지 못하며, 퇴보를 향해 움직인다. 물질적·정신적 발전의 원칙에 따라 사회는 진보하고 성장해나간다.

우리가 살아가는 하루하루는 때로는 '성공한 하루'로, 또 때로는 '실패한 하루'라고 할 수 있다. 당신이 바라는 것을 이룰 수 있다면 그 하루는 '성공한 하루'다. 만일 날마다 실패만 한다면 결코 부자가 될 수 없다. 반면에 매일매일이 성공적이라면 틀림없이 부자가 될 것이다.

오늘 해야 할 일을 마무리하지 못했다면 그 일에 관한 한 당신은 실패한 것이고, 그 하루 역시 '실패한 하루'가 된다. 그리고 그 결과는 상상 이상으로 비참할 수도 있다. 아무리 사소한 일이라도 그 결과로 초래될 수 있는 상황을 예측하기란 불가능하다. 하물며 당신을 위해 움직이고 있는 힘들이 어떤 식으로 움직이고 있을지 어떻게 알겠는

가. 아주 사소한 행동 하나가 상상할 수 없는 결과를 가져오기도 하고, 바로 그 사소한 것이 커다란 가능성으로 향하는 기회의 문을 열어주는 열쇠가 되기도 한다.

신이 당신을 위해 모든 것을 어떻게 엮어두었는지 당신은 전혀 알 수 없다. 그러므로 사소하다고 생각해 무시하고 지나쳐버리거나 실패했을 때 당신이 원하는 것을 얻는 것이 많이 늦어지거나 불행해질 수도 있다는 사실을 기억해야 한다. 그리고 그날 계획한 일은 그날 다 마쳐야 한다. 그래야 신의 계획에 따라 모든 것이 순조롭게 움직인다. 물론 모든 일을 중요하게 생각할 수는 없다. 모든 일을 처리하기 위해 자신을 혹사하면서 과로

하거나, 짧은 시간 안에 최대한 많은 일을 처리하기 위해 맹목적으로 일에만 매달려서도 안 된다.

모든 일에는 한계, 혹은 제한이 있다는 것에 주의하기 바란다. 일에 매몰되어 내일 할 일을 오늘 하려고 하지 마라. 1주일 동안 할 일을 하루 만에 끝내려 하지도 마라. 중요한 것은 얼마나 많이 했느냐가 아니다. 얼마나 효율적으로 처리했느냐다. 모든 행동은 그 자체로 성공과 실패로 나뉠 수 있다. 또한 그 자체로 효율성과 비효율성을 따질 수 있다.

비효율적인 행동은 그 자체로 실패다. 그러므로 당신이 비효율적인 행동을 하는 데 평생을 허비한다면 당신의 인생은 실패하게 될 것이다. 반면 효율적인 행동은 그 자체로 성공이다. 그러므로 당신의 행동이 효율적이라면 당신은 반드시 성공한 인생을 살게 될 것이다. 너무 많은 일을 처리하기 위해 비효율적인 방법을 선택한다면 실패할 수밖에 없다. 그러니 일을 처리하는 데 있어 효율적인 방법을 선택한다면 당신은 틀림없이 부자가 될 것이다. 만일 당신이 모든 일을 효율적으로 처리할 수 있다면, 부자가 되는 것 역시 수학과 마찬가지로 객관적이고 명확한 과학임을 깨닫게 될 것이다.

그렇다면 이제 남은 문제는 하나다. 모든 행동 하나하나를 성공시킬 수 있느냐 없느냐의 문제다.

물론 이것은 가능하다. 어떤 일이든 그 일을 처리하는 데 비전을 가지고 행동하면서 분명한 목적의식과 신념을 바탕으로 최선을 다한다면 성공에 이를 수 있다. 즉 당신이 '특별한 방식'으로 행동하는 한 모든 행동은 '완전한 힘'의 협력을 받을 것이며, 그 결과 당신은 부자가 될 것이다. '완전한 힘'은 당신을 도와 행동의 효율성을 높여줄 것이기 때문이다.

그러나 생각과 행동이 따로 논다면 결코 성공할 수 없다. 어떤 시간과 어떤 장소에서는 마음의 힘을 사용하고, 또 어떤 때와 장소에서는 행동에만 치중해서는 안 된다. 이처럼 생각과 행동이 일치하지 못하면 비효율적이어서 그 결과가 성공적일 수 없다. 하지만 당신의 생각과 행동이 일치하면 '완전한 힘'이 모든 행동에 영향을 미칠 것이며, 당신이 하는 모든 일은 성공적으로 마무리될 것이다. 또한 모든 일이 그렇듯, 한 가지 일이 잘 풀리면 다른 일도 잘 풀리게 되어 있다. 그럴 때 당신이 원하는 것은 당신에게로 가까워지게 되고, 그 속도는 점점 빨라질 것이다.

성공적인 행동의 결과는 사라지지 않고 하나하나 누적되어 나타난다는 사실을 잊어서는 안 된다. 모든 존재는 좀 더 풍요롭게 살고자 하는 소망을 간직한 채 살아간다. 그러므로 다른 누군가보다 풍성한 삶을 영위하는 방향으로 움직인다면 더 많은 것이 당신에게로 와 당신의 소망이 갖게 되는 힘도 커지게 된다. 그러므로 그날 할 일은 그날 다 마쳐야 하고 모든 일은 효율적으로 처리해야 한다.

사소하고 평범한 일을 포함해 어떤 행동을 할 때 마음속 이미지에 집중해야 한다는 것은, 매번 그 이미지의 아주 세세한 부분까지 명확하게 보아야 한다는 의미는 아니다. 이미지의 세밀한 부분은 여가 시간에 상상력을 발휘해 그려도 충분하다. 다만 그것을 완전히 기억할 수 있을 때까지 몇 번이고 계속해야 한다. 만일 빠른 결과를 원한다면 시간이 날 때마다 생각하고 또 생각하라.

끝없이 계속 생각하다 보면 당신이 원하는 이미지를 세세한 부분까지 정확히 그릴 수 있게 될 것이며, 그 이미지는 당신의 마음속에 강하게 새겨질 것이다. 그 결과 '무형의 존재'에 당신의 이미지를 보다 완벽하고 강력하게 전달할 수 있다. 그러므로 당신이 실제로 일을 하는 동안에는 마음속으로 그 이미지를 떠올려서 신념과 목적의식을 강화하기만 하면 된다. 그리고 최선의 노력을 기울여서 앞으로 밀고 나아가야 한다. 당신의 무의식이 당신이 그리는 이미지로 가득 찰 때까지 원하는 이미지를 떠올려야 한다. 그렇게 되면 이미지를 떠올리는 것만으로도 당신에게 강한 에너지가 흘러넘쳐 당신의 삶은 희망으로 가득 차게 될 것이다.

여기서 다시 한 번 핵심 원칙을 정리해보기로 하자. 단, 마지막 원칙을 조금 보완하면서 이 장을 마무리하도록 하겠다.

- 만물의 근원은 '생각하는 물질'이다. '생각하는 물질'이란 원시 상태에서 우주 공간 구석구석까지 퍼져 우주 공간을 가득 채우고 있다.
- '생각하는 물질' 속에 있는 생각은 머릿속에 연상했던 모습 그대로의 것을 형상화시켜 창조해낸다.
- 인간은 자신의 생각을 통해 형태를 연상할 수 있으며, 그 생각으로 '생각하는 물질', 즉 '원시 물질'에 자극을 줌으로써 자신이 생각하는 것을 창조해낼 수 있다.
- 이를 위해서는 경쟁심을 버리고 창조의

마음을 가져야 한다. 그러고 나서 자신이 원하는 이미지를 마음속에 명확하게 그리고, 원하는 것을 얻을 때까지 흔들림 없는 목적의식과 동요하지 않는 신념으로 이 이미지에 집중해야 한다. 목적의식이나 이미지를 흐트러뜨려 신념을 꺾어버릴 수 있는 것들에는 아예 관심을 두지 마라.

- 원하는 것이 왔을 때 그것을 확실히 받아들이기 위해서는 현재의 환경과 주위의 사람들, 그리고 사물을 통해 당장 행동하되 모든 행동은 효율적인 방식으로 처리해야 한다.

효율이란 일을 제대로 하는 것이고,
효과란 올바른 일을 하는 것이다.

피터 드러커

13
최적의 일을 찾아라

능력과 재능은 성공으로 이끄는 도구다
그 도구를 올바르게 사용하라

어떤 직업이든 성공을 결정짓는 요인은 명확하다. 그것은 그 일을 처리할 만한 능력과 재능이 충분히 계발되어 있느냐에 달려 있다. 음악적 재능이 뛰어나지 않다면 훌륭한 음악가가 될 수 없다. 또한 기계를 제대로 다룰 수 없는 사람은 그 일에서 성공할 수 없다. 장사에 소질이 없는 사람이 장사를 하는 것은 옳지 못한 선택이다. 실패할 것이 자명하기 때문이다.

하지만 특정한 일에 필요한 능력과 자질을 갖추었다고 해서 반드시 부자가 된다고 단정지을 수는 없다. 훌륭한 재능을 가지고 있으면서도 가난한 음악가는 얼마든지 있다. 기계라면 어떤 것이든 능숙하게 다룰 수 있는 사람 역시 그 분야에서 성공하지 못한 사람이 많다. 물건을 사고파는 일에는 탁월한데 경영을 못해 파산하는 사람도 적지 않다.

능력과 자질을 갖추고 있는데도 성공하지 못하는 이유는 무엇일까? 성공과 실패를 좌우하는 것

은 사용하는 도구의 사용 방법이다. 앞에서 언급
한 음악적 재능, 기계를 다루는 능력, 물건을 사
고파는 능력 등은 모두 부자기 되기 위한 도구라
고 할 수 있다. 좋은 도구를 갖는 것이 중요하듯,
그 도구를 올바른 방식으로 사용하는 것 역시 중
요하다. 어떤 장인은 톱과 직각자, 그리고 대패를
사용해 멋진 가구를 만든다. 하지만 같은 도구를
사용하는데 멋진 가구를 만들지 못하는 장인도 있
다. 좋은 도구를 가지고 있지만 올바른 사용법을
잘 모르기 때문이다.

　당신의 재능과 능력 역시 당신을 성공으로 이끄
는 도구다. 그러므로 당신은 그 도구를 올바르게
사용해 부자의 길로 들어서야 한다. 당신의 도구를

잘 사용할 수 있는 일을 한다면 성공은 훨씬 쉬워질 것이며 틀림없이 성공할 수 있다. 일반적으로 능력과 재능을 최대한 살릴 수 있는 일, 천성적으로 맞는 일을 하면 성공할 수 있다고들 말한다. 하지만 누구나 다 그러하지는 않다. 그런 것처럼 자신과 맞지 않는 분야에서 성공한 사람도 적지 않다. 그러므로 당신은 당신의 직업과 관련해 선천적으로 타고난 성향 때문에 선택하게 된 것이니 바꿀 수 없다고 생각해서는 안 된다.

당신은 어떤 사업에서든 부자가 될 수 있다. 만약 당신이 선택한 직업이나 사업에 적합한 재능이나 능력이 부족하다면 필요한 재능이나 능력을 계발하면 된다. 그러니 선천적으로 타고난 재능만 사용해야 한다고 스스로 가능성을 제한하지 마라. 이미 충분한 재능을 가지고 있는 분야에서 성공하는 편이 쉽기는 하겠지만 어떤 분야라도 성공은 가능하다. 일을 진행하면서 그에 맞는 도구를 만들어내면 되기 때문이다. 그리고 그것은 얼마든지 가능하다. 당신에게는 어떠한 재능이든 최소한 기본이 될 만한 재능을 가지고 있다는 사실을 잊지 말고 기억하라.

노력이라는 측면에서만 본다면 필요한 재능을 가진 사람이 그렇지 못한 사람에 비해 적은 노력으로 성공에 다가갈 수는 있다. 만족이라는 면에서도 자신이 하고 싶은 일을 하는 사람이 그렇지 못한 사람보다 만족도가 높은 것은 당연한 이치다. 그리고 그렇게 해서 성공했을 때 가장 큰 만족을 얻을 수 있다. 당신 또한 그렇게 될 수 있다.

자신이 하고 싶은 일을 하며 살아가는 것이 진정한 삶이다. 그럴 때 만족감이 최대화되기 때문이다. 평생 동안 원하지 않는 일을 하고 살아간다면 결코 진정한 만족감을 느낄 수 없다. 당신은 당신이 원하는 일을 할 수 있다. 또한 그렇게 되고 싶다는 소망을 가지고 있을 것이다. 이 사실이 바로 당신에게 그 일을 할 수 있는 힘이 있다는 것을 증명해준다.

바람, 즉 소망이란 가지고 있는 힘의 표출이다.

음악을 연주하고 싶다는 소망은 음을 연주하는 힘
이 밖으로 표출되어 활동하고 싶다는 증거다. 마
찬가지로 기계를 발명하고자 하는 소망은 기계적
인 재능이 표출되어 발휘하고 싶어 한다는 증거
다. 이미 계발되었든 아직 미숙하든 어떤 일을 할
수 있는 능력이 없다면 무엇인가 하고 싶다는 소
망은 생기지 않는다. 그리고 어떤 일을 하고자 하
는 소망이 강렬하다면 그것을 할 수 있는 증거다.
당신은 그저 올바른 방식으로 능력을 계발하고 적
용하면 된다.

특별히 원하는 일이 없다면 당신이 가지고 있는
능력과 재능을 살릴 수 있는 일을 선택하는 것이
최선일 것이다. 하지만 어떤 일을 하고 싶다는 소

망이 강렬하다면 그 일을 궁극적인 목표로 삼아야 한다. 당신은 당신이 원하는 일을 할 수 있으며, 당신에게 가장 잘 맞고 즐거운 일을 할 권리가 있다. 부득이한 경우가 아니라면 좋아하지 않는 일을 억지로 해서는 안 된다.

만약 과거의 잘못된 선택 때문에 원하지 않는 일을 하게 되었거나, 원하지 않는 환경에 처한 경우라면 당분간은 그 일을 계속하는 것이 좋다. 그렇다고 소망을 버리거나 포기하라는 말은 아니다. 비록 지금은 원하는 일이 아니라도 그 일이 당신이 하고 싶은 일을 가능하게 해주는 수단이될 수 있다는 사실을 알게 된다면 즐겁게 할 수 있을 것이다.

지금 하고 있는 일이 당신과 맞지 않는다고 생각될지라도 서둘러 다른 일을 찾는 것은 생각해볼 문제다. 일과 환경을 바꾸기 위해서 우선되어야 하는 가장 좋은 방법은 당신 자신이 성장하는 것이기 때문이다. 그리고 기회가 찾아왔을 때는 먼저 그것이 올바른 기회인지 곰곰이 생각하라. 고민한 결과 올바른 기회라는 확신이 든다면 변화를 두려워하지 마라. 반대로 그 기회를 선택하는 것이 올바른 일인지 의심된다면 절대로 해서는 안 된다.

경쟁에서 벗어난 창조의 장에서는 서두르는 법이 없으며, 기회가 부족하지도 않다. 경쟁심에서 벗어나면 결코 서두를 필요가 없음을 깨닫게 될 것이다. 창조의 장에서는 당신을 짓밟고 당신이 원하는 일을 빼앗아갈 사람이 아무도 없다. 모든 기회는 모두가 써도 남을 만큼 충분하다. 그것은 다시 말해 창조의 장에서는 모든 사람이 충분한 혜택을 누리고 있다는 의미다. 만약 누군가가 한 장소를 차지했다면 그보다 더 좋은 장소가 당신에게 곧 제공될 것이다. 시간은 충분하다. 의심하지 말고 기다려라. 다시 한 번 당신이 연상한 이미지를 떠올려보기 바란다. 그리고 목적의식과 신념을 굳게 다져 어떠한 때라도 감사의 마음을 잊어서는 안 된다.

의심과 불안한 생각이 드는가? 그렇다면 하루나 이틀쯤 여유를 가지고 당신이 바라던 이미지를 연상해보라. 그리고 그것을 얻었을 때 느끼게 될 감사하는 마음을 상상해보라. 그러면 당신의 마음과 '신성한 힘'이 튼튼하게 연결되어 아무런 의심이나 실수 없이 행동할 수 있게 될 것이다. '신성한 힘'은 모든 것을 알고 있다. 그러므로 깊은 감사의 마음을 가지고 있다면, 인생을 충실하게 해줄 결의와 확신이 있다면 당신은 '신성한 힘'과 연결될 수 있다.

두려움이나 의심 속에서 행동하다 보면 서두르게 되고 실수를 하게 마련이다. 모든 이들에게 풍요로운 삶을 줘야 한다는 '올바른 목적'을 잊어버렸을 때도 마찬가지다. 무슨 일이든 '특별한 방식'으로 하다 보면 기회는 얼마든지 찾아온다. 당신은 목적의식과 신념을 굳게 지키며 경건하고 감사하는 마음으로 '신성한 힘'과 긴밀한 관계를 유지하도록 하라.

다시 한 번 강조하지만, 그날 할 일은 그날 완벽하게 끝내라. 그렇다고 서두르거나 걱정에 휩싸여 두려워할 필요는 없다. 가능한 한 빠르게 행동하라. 그렇다고 결코 서둘러서는 안 된다. 서두르는 순간 당신은 창조자가 아닌 경쟁자로 전락하고 만다. 창조의 장이 아닌 경쟁의 장으로 추락하고 만다. 그러니 서두르는 당신의 모습을 발견할 때마다 '정지 명령'을 내리고 당신이 바라던 이미지를 다시 한 번 떠올려라. 그 이미지에 집중하며 그것을 받게 될 것이라는 사실에 감사하라. 감사하는 마음은 당신의 목적의식과 신념을 굳건히 지켜줄 것이며 결의를 새롭게 다지도록 도와줄 것이다.

인간 능력의 한계는 아직 밝혀지지 않았다.
인간에게 무엇이 가능한지
지금까지의 사례를 분석해 판단할 수도 없다.
인간이 시도해온 것은 너무 적기 때문이다.

헨리 데이비드 소로

14
성장하는 인상을 심어줘라

경쟁심을 갖지 않도록 스스로 경계하라
그리고 다른 사람들과 함께 성장하라

당신이 직업을 바꾸게 되든 그러지 않든 현재
에 충실하라. 현재 하는 일에 필요한 모든 노력을
다하지 않으면 안 된다. 원하는 일을 하고 싶다면
현재 하고 있는 일에서 인정을 받는 것이 우선이
기 때문이다. 인정받은 능력을 활용하여 '특별한
방식'에 따라 현재 하고 있는 일들을 하나하나 해

결하는 데서 시작하길 바란다. 그럴 때 원하는 일을 할 수 있다. 그리고 직접 얼굴을 맞대든 서류를 통해서든 간에 상대의 마음속에 당신이 성장하고 있다는 인상을 심어주어야 한다.

모든 사람은 성장하기를 원한다. 그것은 바로 그들 안에 깃든 무형의 존재가 원하는 바다. 무형의 존재는 더 완벽하게 표출되기를 바라기 때문이다. 성장을 갈망하는 것은 자연의 모든 존재, 즉 삼라만상의 기본적인 욕구다. 모든 인간 활동의 기반이 되는 것도 바로 성장하고자 하는 소망이며 사람들은 더 많은 음식과 옷, 더 좋은 집과 세련된 아름다움, 더 깊은 지식, 그리고 더 큰 기쁨 등 더 풍요롭고 활력을 높여주는 것을 원한다. 모든 생물체는 지속적으로 성장해야 하며, 생명의 성장이 멈추는 순간 죽음을 맞이하게 된다.

인간은 본능적으로 이 사실을 알고 있기 때문에 더 많은 것을 끊임없이 추구하고 있는 것이다. 인간이 끝없이 성장을 추구한다는 것은 예수가 달란트의 비유를 통해 말한 바 있다. "누구든지 있는 자는 받겠고 없는 자는 그 있는 줄로 아는 것까지도 빼앗기리라"(누가복음 8장 18절). 이는 진리에 어떻게 반응하느냐에 따라 영적 고갈과 풍요가 극명하게 대조될 것임을 보여주고 있다.

부자가 되고자 하는 소망은 누구나 자연스럽게 갖게 되는 것으로, 죄악이나 비난의 대상이 될 수 없다. 모든 물질적 혜택을 누리는 생활에 대한 갈망이며 동경일 뿐이다. 그리고 이 욕구는 인간의 본성 중 가장 깊은 곳에 자리한 본능이기 때문에 모든 사람은 풍요로운 삶을 제공해주는 상대에게 매력을 느끼게 된다.

앞서 반복적으로 설명한 '특별한 방식'을 따른다면 당신은 끊임없이 성장할 것이며, 성장의 결과물을 당신과 관련된 다른 사람들에게도 나눠줄 수 있다. 즉 당신은 당신과 관련된 모든 사람에게 번영을 가져다줄 것이라는 의미다. 그러므로 당신이 창조의 중심이 되어 모든 사람에게 성장을 공급한다는 확신을 가지고 만나는 모든 사람에게 이것에 대한 확신을 심어주어야 한다. 심지어 어린

아이에게 막대사탕을 파는 아주 작은 거래일지라도 그 사탕을 팔면 성장한다는 생각을 가지고 사탕을 산 아이가 반드시 그 생각에 의해 자극을 받도록 해야 한다.

어떤 일을 하든 성장하고 있다는 인상을 심어주어 당신과 일하는 사람은 모두가 성장하게 된다는 생각을 갖도록 하라. 사업적으로 전혀 관계없는 사람이든, 친목을 도모하기 위해 만나는 사람이나, 무엇인가를 팔 대상이 전혀 아닌 사람에게도 성장의 법칙을 알려주어야 한다. 이러한 인상을 심어주려면 당신 자신이 성장의 길 위에 있다는 흔들림 없는 신념을 가져야 한다. 그리고 이러한 신념은 모든 행동에 스며들어야 한다.

당신이 어떤 일을 하든 당신은 성장하는 사람이며, 모든 사람을 함께 성장시키는 사람임을 확신하고 행동해야 한다. 현재 당신은 부자가 되는 과정에 있으며, 그런 과정 중에 만나는 모든 사람도 부자로 만들고 있으며, 성장의 이익을 모든 사람에게 베풀고 있다고 느껴라.

　그렇다고 자만하거나 성공을 과시해서는 안 된다. 진정한 신념은 절대 자만하지 않는다. 자만하는 사람들 대부분은 실제로는 마음속으로 걱정과 두려움을 느끼고 있다는 사실을 알게 될 것이다. 당신은 신념을 굳건히 해 신념이 일하도록 내버려두어야 한다. 모든 행동과 말, 그리고 표정에서 당신 자신이 부자가 되고 있으며 이미 부자가 되었다는 조용한 확신이 드러나게 하라. 이것을 다른 사람에게 전하는 데 말은 필요 없다. 당신의 존재만으로도 다른 사람들은 성장의 느낌을 받게 될 것이며, 다시 한 번 더 당신에게 끌리게 될 것이다.

당신과 만남으로써 자기 자신도 성장할 수 있다는 것을 느낄 수 있게 하라. 그러면 당신 주변에 사람이 끊이지 않을 것이다. 사람들은 성장할 수 있는 곳으로 몰리게 마련이다. 또한 만물의 성장을 바라는 전지전능한 '신성한 힘'은 당신을 몰랐던 사람들을 당신에게 보내줄 것이다. 그렇게 되면 당신이 하는 일은 급속도로 성장할 것이며, 기대하지 않았던 엄청난 이익을 가져다줄 것이다. 이런 일이 계속되면 보다 안정적으로 더 큰 이익을 얻게 되고, 원한다면 당신에게 보다 더 잘 어울리는 일을 할 수 있게 해줄 것이다.

이때에도 절대 잊지 말아야 할 것이 있다. 바로 당신이 무엇을 원하는지에 대한 이미지와, 당신이 원하는 것을 얻게 해줄 목적의식과 신념을 잊어서는 안 된다. 그리고 경계해야 할 것이 하나 더 있다. 다른 사람을 지배하고 싶다는 그릇된 유혹에 현혹되지 않아야 한다. 미숙하고 불완전한 인간에게 다른 사람을 지배하는 힘을 휘두르는 것만큼 매력적으로 보이는 것이 없기 때문이다. 개인적인 만족을 위해 다른 사람을 지배하겠다는 그릇된 욕망은 온 세상을 향한 저주일 뿐이다.

과거 오랜 세월 동안 수많은 왕과 군주들은 자신의 지배 영역을 넓히기 위해 전쟁을 벌여왔고, 그때마다 대지를 피로 물들였다. 그들의 목적은 만물에 활력을 불어넣는 것이 아니라 오로지 자신들이 더 큰 힘을 갖기 위함이었다.

오늘날 기업의 주된 목적도 그들과 별반 다르지 않다. 인간은 돈이라는 군대를 앞세워 지배권을 둘러싼 쟁탈전을 벌이고 있으며, 그 때문에 수백만 명의 삶과 마음을 황폐화시키고 있다. 기업역시 폭정을 일삼은 왕과 마찬가지로 권력욕에 의해 움직이고 있는 것이다.

예수는 이 지배욕을 악마의 꾐에 넘어간 충동이

라 보았으며, 그것을 물리치려 애썼다. 마태복음 23장을 읽어보라. 그러면 바리새인들이 어떤 식으로 '랍비(스승)'라 불리길 원하면서 높은 곳에 앉아 다른 사람을 지배하려 하고, 무거운 짐을 꾸려 가난한 사람의 어깨에 지워주고 자기들은 손가락 하나 까딱하려 하지 않았는지 알 수 있을 것이다. 예수는 바리새인의 지배욕을 '제자'이며 '형제'들이 기도하는 모습과 비교했다.

다른 사람을 지배하고자 하는 마음은 경쟁하고자 하는 마음이며, 경쟁하고자 하는 마음은 창조와 어울리지 않는다. 당신이 당신의 환경과 운명을 움직이기 위해 다른 사람을 고통받게 해서는 안 된다. 좀 더 높은 자리를 두고 싸움을 벌이는 순간 당신은 환경과 운명의 지배를 받게 될 것이다. 그리고 부자가 되려면 운에 맡기거나 투기를 하는 수밖에 없다고 생각하게 된다.

경쟁심을 갖지 않도록 스스로 경계하라! 사업가로 오하이오 주의 털리도 시장을 지낸 새뮤얼 존스(1846~1904년)에 의해 유명해진 '황금률'은 창조적인 활동이 어떻게 창출되는지 잘 말해주고 있다.

무엇이든지 남에게 대접을 받고자 하는 대로 너희도 남을 대접하라(마태복음 7장 12절).

이것이 새뮤얼 존스가 이야기한 황금률이다.

베풀면 베풀수록 삶이 윤택해진다.

밥 데드먼

15
끝없이 진보하라

당신 자신의 발전을 위해서 일하라
신은 그런 당신에게 기회를 줄 것이다

앞 장에서 설명한 내용은 상업에 종사하는 사람 뿐 아니라 모든 직종의 사람들은 물론 공장 노동자들에게도 적용된다.

당신이 의사든, 교사든, 혹은 성직자든 상관없이 다른 사람의 삶을 성장시켜줄 수 있고, 그들도 이를 느낀다면 사람들은 당신에게 끌릴 것이고 풍요를 누릴 수 있다. 위대하고 성공적인 치유자가 되고 싶다는 비전(이미지)을 가진 의사가 목적의식과 신념을 가지고 이 비전이 완벽하게 실현되기를 바라면서 앞으로 나아가고 있다고 가정하자. 그는 앞에서 설명한 대로 '생명의 근원'과 밀접한 관계를 유지하는 한 성공을 거두고 환자들은 끊임없이 그를 찾을 것이다.

의사라는 직업을 예로 든 것은 이 책에서 설명한 내용을 남들에게 전할 기회가 많은 직업 중 좋은 예라 할 수 있기 때문이다. 의료계에서 '진보하는 인간'이라면 자신이 의사로서 성공하는 이미지를 명확히 가지고 있어야 하고, 목적의식과 신념의 법칙을 따라야 한다. 또한 감사의 법칙에 따라 아무리 힘들지라도 환자들의 모든 병을 가능한 한 최선을 다해 치료해야 한다.

그렇다면 종교 분야에서는 어떤 사람을 원할까? 사람들은 풍요로운 생활의 실천 방법에 대하여 설교하는 성직자를 간절히 바라고 있다. 그러므로 그는 부자가 되기 위한 과학적인 방법을 상세히 익혀 잘사는 방법과 훌륭한 사람이 되는 법, 그리고 사랑을 얻을 수 있는 방법을 자세히 알고 있어야 한다. 이러한 내용을 설교와 함께 다른 사람들과 나눈다면 그 성직자는 열렬한 지지를 얻게 될 것이다.

이것이야말로 세상이 원하는 복음이며, 이 복음

을 들은 사람들은 하나같이 성장할 것이다. 또한 그들은 이를 전해준 사람에게 기꺼이 찬사를 보내며 응원할 것이다. 그러므로 성직자에게 지금 필요한 것은 사람들이 원하는 것을 말뿐이 아니라 본인이 실례를 통해 보여주는 것이다. 사람들은 성직자가 그 방법 자체만 설교하기를 원하지 않는다. 사람들은 성직자 스스로 그 방법을 실천하길 바라고 있다.

사람들은 성직자 스스로 부유해지고, 건강해지고, 위대해지고, 사랑받게 된 사람이며, 이러한 것들을 어떻게 얻게 되었는지 가르쳐줄 수 있는 사람이기를 바라고 있다. 만약 그렇게 된다면 많은 사람들이 그 성직자의 뒤를 따를 것이다.

이는 교사에게도 고스란히 적용된다. 교사는 목적의식과 신념을 가지고 풍요로운 인생을 위해 아이들을 격려해주어야 한다. 그런 교사라면 절대로 직업을 잃지 않을 것이다. 그리고 이러한 목적의식과 신념을 가지고 있는 교사라면 당연히 그 제자들에게 자신이 직접 몸에 익혀 실천하고 있는 것을 전해줄 것이다. 이 모든 것이 그의 삶의 일부분인데 어찌 그것이 아이들에게 전해지지 않을 수 있겠는가.

그렇다고 이 이론이 앞서 예로 든 의사, 성직자, 교사에게만 국한되는 것은 아니다. 의사, 성직자, 그리고 교사의 예로 증명된 것들은 법조인, 치과 의사, 보험 설계사, 부동산 업자, 그리고 그

밖의 모든 직업에 종사하는 사람들에게도 적용된다.

앞에서도 언급했지만, 이 책에서 설명하고 있는 방법대로 정신적인 면과 육체적인 행동을 결합하면 절대로 실패하지 않고 확실한 효과를 거둘 수 있다. 착실히, 그리고 지속적이고 정확하게 이 법칙을 따른다면 당신은 반드시 부자가 될 수 있다. 삶의 성장 법칙은 만유인력의 법칙만큼이나 수학적으로 확실하다. 부자가 되는 것은 너무나 객관적이고 명확한 과학이라는 사실을 믿어라.

앞서 예로 든 직업 외에 다른 직종에 종사하는 사람들에게도 똑같이 적용된다. 가령 당신이 성장할 수 있는 기회라고는 찾아볼 수 없으면서 적은 임금에 생활비는 많이 드는 환경에 처해 있다고 가정해보자. 그렇다고 해서 부자가 될 기회가 없다고 비관할 필요는 없다. 무엇을 원하는지 마음속에 선명하게 이미지를 그리고, 목적의식과 신념을 가지고 행동하라. 매일매일 할 수 있는 일은 모두 해야 한다. 어떤 일을 하든 성공시키겠다는 강한 의지와 부자가 되겠다는 결의를 품고 모든 작업을 하나하나 완벽하게 처리하기 바란다.

이것은 결코 경영자의 마음에 들기 위해서가 아니다. 상사가 당신이 일하는 모습을 지켜보고 승진시켜주지 않을까 하는 마음을 가져서는 안 된다. 능력을 최대한 발휘하여 주어진 일을 하고 그것으로 만족하는 노동자는 경영자에게 그저 한 사람의 '우수한 사원'에 불과하다. 경영자는 그런 사원을 마음에 들어 하겠지만 결코 그를 승진시키지는 않을 것이다. 왜냐하면 지금 하고 있는 일을 더 많이, 더 오래 시키려 할 것이기 때문이다. 그러므로 확실하게 발전하기 위해서는 지금 하고 있는 일을 완벽하게 처리하는 것만으로는 부족하다.

확실하게 성장할 수 있는 사람은 지금의 자리에 만족하지 않는 사람으로, 자신이 원하는 것이 무엇인지 명확히 알고 자신이 원하는 것이 될 수 있음을 아는 사람이다. 즉 '반드시 그렇게 되겠다'는 희망과 결의를 가지고 있는 사람이다. 그러니 경

영자나 상사를 기쁘게 하기 위해서가 아니라 오로
지 당신 자신의 발전을 위해서 일해야 한다. 일을
할 때는 물론이고, 일하기 전이나 후에도 목적의
식과 신념을 가지고 노력해야 한다.

당신이 만나는 모든 사람, 상사든 부하직원이든
친구이든 상관없다. 그 모든 사람이 당신에게서 쏟
아져 나오는 목적의식의 힘을 느끼게 하라. 그러
면 그들은 당신에게서 발전과 성장의 기운을 느끼
고 당신 주위로 모여들 것이다. 설령 당신이 지금
하고 있는 일에 어떠한 발전 가능성이 없다고 느
낀다 해도, 곧 다른 일을 얻을 수 있는 기회를 찾
게 될 것이다. 섭리에 따라 행동하는 '진보하는 인
간'에게는 항상 기회를 가져다주는 힘이 작동한다

는 사실을 기억하라.

만일 당신이 '특별한 방식'으로 행동하고 있다면 신은 당신에게 손을 내밀어줄 것이다. 그것이 신 자신을 돕는 일이기 때문이다.

생활환경이든 작업환경이든, 그리고 당신 주위의 누구도 당신을 억제하거나 당신의 의지를 꺾을 수 없다. 만일 철강 회사에서 일해 부자가 될 수 없다면 소규모 농장을 운영해 부자가 될 수 있다. 당신이 '특별한 방식'에 따라 행동을 시작한다면 철강 회사에서 벗어나 당신이 원하는 것을 하면 된다. 그것이 농장이든 어디든 그곳으로 가면 그뿐이다. 당신은 당신이 원하는 것을 할 수 있다는 사실을 잊지 마라.

　회사 직원들 중 상당수가 '특별한 방식'을 행동으로 옮긴다면 그 회사는 머지않아 어려운 상황에 처할 것이다. 이러한 직원들은 회사를 떠날 가능성이 높기 때문이다. 그러므로 직원들에게 더 많은 기회를 부여하지 않는다면 아예 문을 닫게 될 수도 있기 때문이다. 모든 사람이 회사를 위해 일할 필요는 없다. 회사가 희망 없는 상태를 지속시켜나갈 수 있는 것은 종사자 대부분이 부자가 되는 법칙을 전혀 모르는 무지한 사람들이거나 너무나 게을러서 이것을 실천할 수 없는 사람들이기 때문이다.

　당신이 목적의식과 신념을 굳건히 하고 '특별한

방식'을 실천한다면 상황을 개선하기 위한 기회에 민감해질 것이다. 그렇게 될 때 기회는 당신을 찾아오게 되어 있다. 기회는 모든 것 안에 있고, 모든 것 안에서 일하는 신이 당신을 위해 움직이고 있으며, 그 기회를 가져다줄 것이기 때문이다.

원하는 모든 것이 이루어질 기회를 기다려서는 안 된다. 지금보다 나은 기회가 찾아와 당신의 마음이 끌린다면 그 기회를 잡아라. 그것이 더 큰 기회를 향한 첫걸음이 되어줄 것이다.

발전하며 성장하기를 바라는 사람에게는 반드시 기회가 찾아온다. 우주의 모든 것은 바로 그런 사람을 위해 존재하며, 힘을 합쳐 그런 사람을 위해 작용하는 것이 우주의 본질이기 때문이다. '특별한 방식'으로 생각하고 행동한다면 당신은 틀림없이 부자가 될 것이다.

현재 아무리 힘든 상황에 처해 있더라도 세심한 주의를 기울여 정성을 다해 이 책을 읽어라. 그리고 '특별한 방식'에 확신을 가지고 그대로 실천하라. 절대 실패하지 않을 것이다.

진보란, 필요한 것은 가능하다는
신념과 더불어 시작된다.

노먼 커즌스

16
결론

끊임없이 추구하라
그리고 확신을 가지고 앞으로 나아가라

부자가 되기 위한 객관적이고 과학적인 법칙이
있다 해도 대부분의 사람들은 믿으려 하지 않을 것
이다. 많은 사람들이 부의 공급은 한정되어 있다
고 생각하기 때문이다. 그러므로 사회적인 제도나
정치제도가 바뀌어야 그나마 어느 정도의 사람들
이 부를 얻게 될 것이라고 주장한다. 하지만 그것

은 잘못된 생각이다. 현재의 정부가 많은 사람들을 가난하게 방치하는 것은 사실이다. 하지만 그것은 그 사람들이 '특별한 방식'으로 생각하고 행동하지 않기 때문이다.

만약 많은 사람들이 이 책에서 말하는 '특별한 방식'으로 생각하고 행동한다면 정부나 기업은 그것을 막을 수 없다. 그리고 모든 시스템은 이 움직임을 돕는 방향으로 수정되어야 할 것이다. 누구라도 발전하고자 하는 마음을 갖는다면, 즉 부자가 될 수 있다는 목적의식과 흔들림 없는 신념을 가지고 앞으로 나아간다면 어떤 것도 이들을 가난한 채로 둘 수 없을 것이다. 이것은 분명한 진실이며 반드시 그렇게 될 것이다.

어느 누구라도 그때가 언제든, 어떤 정부하에서든 '특별한 방식'을 시작할 수 있다. 그리고 그들 스스로 부자가 될 수 있다. '특별한 방식'으로 생각하고 행동하는 사람들이 어느 정도 생겨나면 그들 스스로 다른 사람들을 위한 길이 열릴 수 있도록 시스템을 고칠 것이다.

경쟁의 원리에 의해 부자가 되는 사람이 많아질수록 가난한 사람도 많아질 것이다. 하지만 많은 사람들이 창조력을 발휘함으로써 부자가 된다면 모든 사람이 보다 풍요로운 삶을 영위할 수 있을 것이다.

보다 많은 대중을 가난에서 구제하려면 그들로

하여금 이 책에서 설명한 과학적인 방법을 실천하게 해서 부자가 되도록 이끄는 수밖에 없다. 그러면 그 사람들은 언젠가 다른 사람들에게 이 방법을 전달하고 격려하여 충실한 인생을 영위하려는 마음을 심어주고, 반드시 할 수 있다는 확신과 결의를 가지고 분발할 수 있도록 도울 것이다.

하지만 당장은 당신이 부자가 되는 것을 막고 있는 것이 정부도, 자본주의나 경쟁주의적 산업구조도 아니라는 것을 깨닫는 것만으로도 충분하다. 창조적인 사고를 하는 순간 당신은 그러한 것들로부터 초월해 다른 세계로 나아갈 수 있기 때문이다.

단, 반드시 기억해야 할 것이 있다. 항상 창조적

인 사고를 해야 하고, 한순간이라도 공급이 제한되어 있다는 식의 생각에 빠져들거나 경쟁적인 생각에 따라 행동해서는 안 된다. 이전의 사고방식으로 되돌아갔다고 생각되면 재빨리 궤도를 수정해야 한다. 경쟁적인 마음은 창조적인 생각을 가로막아 절대로 전지전능한 '신성한 힘'의 협력을 받을 수 없기 때문이다.

불투명한 미래에 어떻게 대처해야 할지 고민하느라 시간을 허비하지 마라. 내일 일어날지도 모를 사태가 아니라 오늘 할 일에 충실하라. 예측할 수 없는 상황은 그 일이 벌어진 후에 대처해도 늦지 않다. 오로지 오늘 할 일을 성공적인 방식으로 완벽하게 처리하는 데 집중하라.

어떤 장애 때문에 지금 당장 진로를 변경해야 하는 경우가 아니라면 고민할 필요가 없다. 아무리 큰 장애가 예고되었더라도 '특별한 방식'을 따라 생각하고 행동한다면 예고된 장애가 당신을 향해 오는 동안 사라져버렸음을 깨닫게 될 것이다. 그렇지 않으면 장애를 피해 돌아가는 길이 생길 것이다.

아무리 복잡한 상황에 빠졌을지라도 과학적인 법칙에 따라 부자가 되는 길을 걷고 있는 한 절대 실패하는 일은 없다. 이 법칙을 따르는 것은 2곱하기 2가 언제나 4인 것과 마찬가지로 언제나 진리이기 때문이다.

그러므로 앞으로 생길지도 모르는 재난이나 고

난을 두고 불안해하지 마라. 재해를 당하거나, 장애가 생기거나, 공포에 휩싸이거나, 그 밖의 바람직하지 않은 상황이 동시에 일어나더라도 고민할 필요는 없다. 그러한 일들이 일어날 가능성은 당신 주변에 상존한다. 하지만 어떤 어려움이든 겪어낼 방법과 함께 오기 때문이다. 모든 곤란한 상황은 결국 과거가 된다는 것을 당신도 깨닫게 될 것이다.

한 가지 더 강조하자면, 말을 조심하라. 일을 할때 나약한 말이나 의욕을 잃게 만드는 말을 해서는 안 된다. 실패할 가능성이 있음을 이야기하거나 실패를 암시하는 듯한 말을 하지도 마라. 어려웠던 시절이나 일이 제대로 풀리지 않았던 때의

이야기도 하지 마라. 곤란한 처지라든가 앞으로
의 경기 전망이 밝지 않다는 내용도 대화의 주제
로 삼지 마라. 경쟁의 장에 있는 사람들에게는 어
려웠던 시절이 있을 수 있고, 일이 제대로 풀리지
않을 때도 있겠지만, 당신은 다르다. 당신은 당신
이 원하는 것을 창출할 능력이 있으므로 두려움에
대항해 승리할 수 있다.

다른 사람들이 역경에 처해 비명을 지르고 있을
때에도 당신은 최고의 기회를 발견할 수 있다. 이
세상은 성장하고 있으며 '생성 과정'에 있는 것이
라고 인식할 수 있도록 노력하라. 세상은 끊임없
이 성장하고 있으며, 재난이 생기면 아직 미숙하기
때문에 벌어지는 현상이라고 생각하라.

언제나 발전하고 있다는 것을 느끼면서 발전에 관해 이야기하라. 그러지 않으면 당신 자신의 신념을 부정하는 것이 되고, 신념을 부정하면 그 신념은 언젠가 애매모호한 것이 되어 사라지고 말 것이다. 어떠한 상황에서도 절대 절망하지 마라. 설령 기대했던 것을 얻지 못했더라도 실패라고 단정짓는 것은 잘못된 생각이다. 확신만 있다면, 당신이 실패라고 생각했던 것은 단지 실패로 보였을 뿐임을 깨닫게 될 것이다.

그리고 '특별한 방식'에 매진하기 바란다. 그러면 당장 바라는 것을 이루지 못했더라도 시간이 지나면 그보다 훨씬 좋은 것을 손에 넣을 수 있다. 또한 실패라고 생각했던 것이 사실은 성공을 위한 훌

룡한 밑거름이었음을 깨닫게 될 것이다.

부자가 되기 위해 '특별한 방식'을 공부하던 수
강생이 있었다. 그는 자신이 염원하던 기업을 매
수하기 위해 몇 주 동안 노력을 기울였다. 그런데
기업 인수에 중요한 시기가 되었을 때 전혀 예기
치 못한 상황이 벌어졌다. 결국 기업 인수는 좌절
되고 말았다. 마치 보이지 않는 힘이 작용해 그를
방해하는 것만 같았다.

그러나 그는 절망하지 않았다. 오히려 감사하
는 마음을 간직하며 소망이 이루어지지 않았는데
도 신께 감사드렸다. 그러고는 다시 착실하게 일
을 추진했다. 몇 주 후 그 거래가 성사되지 않아

서 다행이라고 생각할 정도로 훌륭한 기회가 찾아왔다. 그때서야 그는 자신의 지식을 초월한 전능한 존재의 인도로, 작은 이익을 바라다가 엄청난 피해를 입을 뻔했다는 사실을 알게 되었다. 이 일은 결과적으로 그에게 전화위복의 계기가 되었다.

이렇듯 당장은 실패한 것처럼 보이지만 목적의식을 가지고 신념을 지키며 감사하는 마음으로 그날 할 수 있는 일을 처리하며 하루를 충실히 보내다 보면 어느 순간 최선의 결과가 되어 돌아올 것이다. 실패했다면 이는 단지 충분히 요구하지 않았기 때문이다. 그러므로 끊임없이 추구하라. 그러면 당신이 구하던 것보다 더 큰 것이 주어질 것이다. 이 사실을 반드시 기억하라.

하고 싶은 일이 있는데 필요한 재능이 없어서 실패했다는 것은 변명에 불과하다. 내가 말한 방법들을 실천한다면 필요한 재능은 얼마든지 계발할 수 있다. 지금 이 책이 재능을 계발하는 방법을 다루는 건 아니므로 상세히 설명하지는 않겠다. 하지만 그것은 부자가 되는 방법과 마찬가지로 명확하고 간단하다.

그리고 특정한 위치에 도달했을 때 능력이 없어서 실패할 것이라는 두려움으로 주저하거나 흔들리지 마라. 이미 당신에게는 그에 걸맞은 능력이 갖춰져 있다. 충분한 교육을 받지 못한 링컨이 정치적 위업을 달성할 수 있었던 것처럼 당신도 성공할 수 있음을 믿어라. 링컨이 그와 같은 성공을 이룰 수 있게 해준, 그와 똑같은 '능력'이 당신에게도 잠재되어 있다. 당신은 그 능력을 이용해 지혜롭게 당신에게 주어진 책임을 다할 수 있다. 확신을 가지고 앞으로 나아가라.

다시 한 번 강조하지만, 당신은 이 책에서 제시한 모든 개념과 방법을 확실하게 습득할 때까지 항상 이 책을 옆에 두고 공부해야 한다. 이 책을 당신의 벗으로 삼고 모든 내용을 습득하기 바란다. 이 책의 내용을 마음속으로 확신할 수 있다면, 특별히 멋진 일이나 즐거움이 없더라도 잘 헤쳐나갈 것이다. 흔들림 없는 신념을 가지게 될 때까지는 모든 여가 생활이나 놀이를 포기하고, 이 책의 내용과 반대되는 강의는 듣지 마라. 비관적

이거나 이 책과 상반되는 글을 읽거나 논쟁하지도
마라.

시간이 생기면 원하는 이미지를 마음속에 새기
고 감사하는 마음을 키우며 이 책을 읽어라. 이 책
을 읽으면 부자가 되기 위해 필요한 모든 과학적
지식을 얻을 수 있다. 이 모든 내용은 「에필로그」
에서 요약하도록 하겠다.

가난이 우리 곁에 있어서는 안 된다.
가난은 우리의 모든 적과 한편이다.
모든 죽음의 싹틈과 한편이다.

장 아누이

세상에는 생각하는 근본 물질이 존재한다. 이 근본 물질에서 세상의 모든 만물이 만들어진다. 이 근본 물질은 원시 상태대로 우주의 모든 공간에 침투하고 스며들어 그곳을 가득 채우고 있다. 이 근본 물질은 사고하는 존재로, 그 사고는 사물이라는 형태로 자신을 형상화한다.

인간은 생각하는 존재로, 자신의 생각에 형태를 부여할 수 있다. 그리고 그 생각을 무형의 '생각하

는 물질'에 전달해 자극을 줌으로써 자신이 생각
하는 것을 창조할 수 있다. 그러기 위해서는 경쟁
심을 버리고 창조력을 발휘해야 한다. 그러지 않
으면 무형의 '생각하는 물질'과 조화로운 관계를
유지할 수 없다.

신은 언제나 창조적이며 경쟁하지 않는다. 그리
고 인간이 무형의 '생각하는 물질'과 완벽한 조화
를 이루기 위해서는 무형의 '생각하는 물질'이 우
리에게 주는 축복에 대해 진정으로 감사하는 마음
을 가져야 한다. 감사하는 마음을 가짐으로써 인
간의 마음과 지적인 존재인 무형의 물질이 이어져
인간의 생각이 전달되는 것이다. 항상 감사하는
마음을 유지하지 않으면 인간은 결코 창조의 장에

머무를 수 없다.

갖고 싶은 것, 하고 싶은 일, 되고 싶은 것의 명확한 이미지를 마음속에 그려라. 그리고 언제나 그 이미지를 생각하며 끊임없이 신에게 감사하는 마음을 가져라. 부자가 되고자 하는 사람은 시간이 날 때마다 그 이미지를 깊이 새기고, 그것이 현실화되고 있음에 진심으로 감사해야 한다.

마음속 이미지를 자주 떠올리는 것은 아무리 강조해도 지나치지 않으며, 흔들림 없는 확신과 감사하는 마음을 갖는 것이 무엇보다 중요하다. 그렇게 함으로써 무형의 존재에 이미지가 전달되어 창조적인 힘이 작동하는 것이다.

창조적인 에너지는 자연계의 성장 과정이나 산업과 사회질서 속에서 기존의 경로를 따라 작동한다. 그러므로 이 책에서 제시한 방법들을 모두 실천하는 사람은 자신의 이미지에 포함되어 있는 모든 것을 갖게 될 것이다. 그 모든 것이 정해진 유통 경로를 따라 당신을 찾아올 것이기 때문이다.

그것을 당신의 것으로 만들기 위해서는 행동이 뒷받침되어야 한다. 그리고 이 행동은 현재 하고 있는 일에 안주하지 않고 현재의 자리를 더 많은 것으로 채우는 것을 의미한다. 마음속에 그려놓은 이미지를 떠올림으로써 부자가 되겠다는 목적의식을 마음속에 새겨두어야 한다.

그리고 그날 할 일은 미루지 말고 모두 완벽하게 처리해야 한다. 우리는 자신이 받은 현금 가치보다 더 큰 사용가치를 다른 모든 상대에게 나눠주어야 한다. 그래야만 매번 거래를 할 때마다 생명이 더욱 풍성해진다. 더 나아가 항상 발전과 풍요를 생각하며, 만나는 모든 사람에게 그러한 기운을 전달해야 한다.

  이 모든 것을 실천하는 사람은 누구를 막론하고 모두 부자가 될 것이다. 그리고 그들이 누리는 풍요는 얼마나 선명한 이미지를 가지고 있었는지, 목적의식과 신념이 얼마나 굳건한가. 감사하는 마음이 얼마나 진실되고 깊었는가에 정확히 비례한다.

마지막으로 한 번 더 강조하고 마무리하겠다. 마음속에 선명한 이미지를 그리고, 목적의식과 신념을 굳건히 하고 경쟁의 장이 아닌 창조의 장에서 창조력을 발휘하라. 그리고 항상 감사하는 마음을 잊지 않도록 하라. 그러면 부자가 된 당신을 만날 수 있을 것이다!

풍요로운 삶을 위한

부자의 지혜

초판 1쇄 발행   2015년 10월 23일
초판 5쇄 발행   2022년 03월 05일

지 은 이 월레스 D. 워틀스
편   역 도서출판위

펴 낸 이 도서출판 위
편 집 인 홍성주
디 자 인 임승연

펴 낸 곳 도서출판 위
주   소 경기도 파주시 광인사길 115(문발동 507-8)
전   화 031-955-5117
팩   스 031-955-5120
홈페이지 www.wegroup.kr

ISBN 979-11-975363-2-8 93320